Humanizar a administração

com sabedoria e competência

EDIBERTO TADEU PEDROSO

HUMANIZAR A ADMINISTRAÇÃO

COM SABEDORIA E COMPETÊNCIA

QUALITYMARK

QUALITYMARK 15 ANOS

Direção Editorial
SAIDUL RAHMAN MAHOMED
editor@qualitymark.com.br

Produção Editorial
EQUIPE QUALITYMARK

Capa
WILSON COTRIM

Editoração Eletrônica
MS EDITORAÇÃO

CIP-Brasil. Catalogação-na-fonte
Sindicato Nacional dos Editores de Livros, RJ

P415h

Pedroso, Edilberto Tadeu, 1945-
Humanizar a administração : com sabedoria e competência / Edilberto Tadeu pedroso. — Rio de Janeiro : Qualitymark, 2006
264p. :

Inclui bibliografia

ISBN 85-7303-574-9

1. Administração de empresas — Aspectos morais e éticos. 2. Administração de empresas — Aspectos sociais. 3. Responsabilidade social da empresa.
I. Título.

05-2080 CDD 658.001
CDU 65.01

2006
IMPRESSO NO BRASIL

Qualitymark Editora Ltda.
Rua Teixeira Júnior, 441
São Cristóvão
20921-405 – Rio de Janeiro – RJ
Tel.: (0XX21) 3860-8422

Fax: (0XX21) 3860-8424
www.qualitymark.com.br
E-Mail: quality@qualitymark.com.br
QualityPhone: 0800-263311

Dedicatória

In memoriam de Vera Lúcia Scapolatiello Pedroso.

A cada dia que passa, mais e mais a axiologia vem sendo posta à margem nas experiências científicas. E o desprezo à axiologia reflete diretamente no comportamento da sociedade, considerando que a mais característica feição do mundo moderno é a indecisão.

Prefácio

O texto trata, de forma inteligente e corajosa, a moderna concepção de *Humanização na Administração*, através de uma análise integrada da ciência, da tecnologia e da teologia, apresentando, assim, uma nova visão sobre a evolução do pensamento da administração. E, nesta abordagem, as referências axiológicas são utilizadas como elemento norteador na busca do discernimento visando a melhor explicitar os complexos e polêmicos temas da Ciência da Administração, que interferem, direta e indiretamente, na qualidade de vida da pessoa humana.

O papel do homem na dinâmica organizacional é o de tornar eficaz a gestão dos recursos humanos e materiais, levando-se em consideração o uso responsável da ciência e da tecnologia, na exploração dos limitados recursos do ecossistema. E neste processo contínuo, cabe à Administração a complexa missão de humanizar o homem para usar humanamente os recursos humanos, materiais e tecnológicos, sem o que não será possível promover o desenvolvimento da sociedade. A continuar a desenfreada corrida tecnológica com o fim único de se buscar tão somente a máxima lucratividade, a sociedade estará decretando a sua própria autodestruição. Hoje em dia, a Ciência da Administração está carecendo de uma profunda reformulação em seus paradigmas axiológicos.

Como a Administração é uma ciência multidisciplinar, as contribuições da Teologia estão sendo bem recebidas, porque, como uma das peculiaridades da Administração é o estudo do comportamento humano, neste campo a Teologia tem amplo domínio.

O Estado de São Paulo publicou, em 4 de abril de 1999, um interessante artigo sobre a espiritualidade nas organizações, sob o título: *Empresas abrem espaço para a espiritualidade*. O Conselho Regional de Administração de São Paulo também divulgou um artigo muito interessante denominado: *Injetando espiritualidade no local de trabalho*, confirmando assim a tendência de se introduzir a Teologia na Administração.

Pretendemos, com esta obra, estimular e despertar o interesse de estudantes, especialistas, executivos, professores e empresários para olhar a Ciência da Administração, também, sob a ótica da Teologia. Só assim será possível encontrar opções que possibilitem contribuir para a humanização na administração.

Segundo Élie Wiesel, prêmio Nobel da Paz de 1986, dificilmente, surgirá na face da terra algum governante ou dirigente organizacional que aja como Salomão agiu, quando, mediante a esta pergunta do Senhor: *Pede o que desejas e eu to darei*, assim responde: *"Dá, pois, ao teu servo, um coração compreensivo, capaz de governar o teu povo e de discernir entre o bem e o mal. Do contrário, quem poderá governar este teu povo tão numeroso? E Deus disse a Salomão: Já que pediste estes dons e não pediste para ti longos anos de vida, nem riquezas, nem a morte de teus inimigos, mas sim sabedoria para praticar a justiça, vou satisfazer o teu pedido; dou-te um coração sábio e inteligente, como nunca houve outro igual antes de ti, nem haverá depois de ti"*. (Cf.: 1Rs 3, 5.7-12)

Autor

Comentários sobre o Livro

Humanizar a Administração com sabedoria e Competência

O bem praticado difunde-se por si mesmo, mas antes ele deve ser ensinado às gerações! Ediberto Pedroso, com larga consciência de profissional e formador de mentes e de inteligências, mostra em sua obra que educar para os valores morais, éticos e solidários vale a pena, é compensador. Ele vai buscar na história da administração uma de suas balizas mestras, ao afirmar que "a arte de administrar não coincide com a arte de empreender". Aquela é uma arte muito mais complexa, exige uma especialização, é uma responsabilidade pública, uma atividade que pode interferir positiva ou negativamente em toda a sociedade.

Não faz economia de exemplos, enfrenta temas profundos, pertinentes aos debates da sociedade atual... Mesmo se ele fala de ética, de moral, não é um moralista: ele prefere trabalhar com os princípios que norteiam o agir humano, com os valores morais e éticos cujas raízes estão fincadas em nossa civilização que bebeu de duas fontes: da filosofia grega e dos princípios evangélicos, explicitados na modernidade pela Doutrina Social da Igreja.

Para Ediberto, decisões de ética profissional não dizem respeito apenas quando em extremo se deve chegar à decisão pela legitimidade ou não de se fabricar um artefato nuclear como arma de extermínio – questão que certamente atormentou a consciência de Openheimer nos anos 40 – ou em nossos dias, quando se deve decidir sobre a clonagem de seres humanos. As decisões que interferem e marcam o caminho da sociedade acontecem todos os dias, e de cada uma delas a construção do edifício da sociedade recebe um tijolo ou para construção de uma sociedade injusta, desigual, ou para se erigir uma sociedade justa, solidária, de paz que constrói a felicidade.

João Manoel Motta
Jornalista e editor, pós-graduado em Ciências da Religião pela PUC-SP

Sumário

Mote

Ordem e progresso

Augusto Comte – Filósofo

Provérbio

Ordem e progresso
com justiça social

Ediberto Tadeu Pedroso

Módulo I

Retrospectivas e Perspectivas da Administração

"Há pessoas que falam bem,
mas não sabem o que dizer."

Santo Agostinho

1

Retrospectivas da Administração

"É melhor iluminar do que brilhar."

S. Tomás de Aquino

Introdução

Objetivos deste capítulo:

1) entender, através das raízes históricas da administração, o comportamento humano e a frenética corrida do homem pelo "ter", menosprezando o "ser";

2) entender, à luz da história da Administração, o porquê do trabalho humano braçal ser considerado uma atividade marginalizada, destinada somente a escravos. Conhecer ainda qual era a visão teológica da Administração, já na Antigüidade;

3) conhecer o importante papel dos filósofos na formação do pensamento administrativo;

4) mostrar as influências e as conseqüências sociais causadas pela revolução industrial no comportamento humano, e a importante contribuição dos economistas, pioneiros e empreendedores no surgimento do pensamento da Administração.

1. Raízes da Administração

Relacionando-se as raízes da Administração à Teologia, pode-se observar que sempre os problemas sociais estão no centro das questões da administração. É a luta interna do homem entre o *ser* e o *ter*. É o homem desenvolvendo o seu egoísmo na ânsia de conseguir, a qualquer custo, o poder, a dominação. É a indesejável exploração do homem pelo homem.

1.1. Administração e as Ciências Humanas

Como o ser humano foi criado para viver em comunidade, caracterizado pelo alto grau de interdependência que há entre as pessoas, a história da humanidade não poderia ser diferente, ao indicar que sempre existiu alguma forma rudimentar de administrar as organizações. Assim, por ser a administração uma atividade relacionada com a cooperação humana, ela sempre existiu. Historicamente, a administração foi estudada em todos os tempos, mas, o estudo científico da administração é bem mais recente.

Os papiros egípcios comprovam, já na Antigüidade, a importância da organização e administração na construção de Pirâmides que levaram vários anos para serem construídas e movimentaram um contingente de milhares de escravos. Além de artesanato e técnica de engenharia, vários estudiosos de administração afirmam que havia por trás disso também uma competência administrativa.

Esta propalada "competência administrativa" abre espaço para uma pergunta básica e elementar que desejamos aqui fazer. É possível considerar a exploração do homem pelo homem, através do trabalho escravo – exemplo clássico de desumanização do trabalho humano, sem recompensas e à base da força e da imposição – uma competência administrativa? Com certeza, não. Onde não há respeito à dignidade humana, não pode haver competência administrativa.

Basta reexaminar a vasta documentação histórica que comprova, a partir da Antigüidade, a desumanização do trabalho humano. O trabalho humano era considerado uma atividade pouco nobre. Como a maior parte do trabalho humano dependia da força muscular, aos escravos e somente a eles (mão-de-obra barata e farta) eram designadas essas atividades, "pouco nobres" e despresíveis aos olhos da "alta sociedade". Esta foi uma das principais, senão a principal razão para tornar o trabalho humano braçal uma atividade marginalizada, destinada somente a escravos – os povos derrotados e subjugado.

1.2. Administração e a Teologia

1.2.1. O Administrador do Egito

Aleksandr Mien (1935-1990) faz, em estilo romanceado, um breve relato da influência da Teologia na Administração, a partir da Antigüidade[(1)]. Prevendo um longo período de escassez de alimentos no Egito, José – filho de Jacó – apresenta ao Faraó um plano para superar a violenta escassez de alimentos que, de fato, o país sofreu. Por ser homem sábio e prudente, José foi nomeado, na época, primeiro ministro do Egito. Em função dessa grave crise de escassez de alimentos, os hebreus, no século XVII a.C., famintos, transferiram-se para a parte oriental do delta do Nilo. Com a morte de José, os hebreus tiveram que suportar o poder despótico dos Faraós. Por volta do ano 1230 a.C., um grupo de tribos hebréias, que recebeu o nome de Israel, uniu-se sob o comando de Moisés, seu grande profeta e legislador.

1.2.2. A Teologia Comprovando a Importância da Administração

É na Bíblia Sagrada que se encontram os mais importantes relatos históricos comprovando a importância da Administração já na Antigüidade. Por exemplo, em Êxodo, capítulo 18, versículos 13 a 27, a Bíblia Sagrada relata os conselhos de Jetro ao seu genro Moisés:

> "*...Escolha entre o povo homens capazes e tementes a Deus, que sejam seguros e inimigos do suborno: estabeleça-os como chefes de mil, de cem, de cinqüenta e de dez. Eles administrarão regularmente a justiça para o povo: os assuntos graves, eles trarão a você; os assuntos simples, eles*

próprios resolverão. Desse modo, vocês repartirão a tarefa, e você poderá realizar a sua parte. Moisés aceitou o conselho do sogro e... escolheu em Israel homens capazes e os colocou como chefes do povo: chefes de mil, de cem, de cinqüenta e de dez. Eles administravam regularmente a justiça para o povo; os assuntos complicados, eles passavam para Moisés; e os simples, eles próprios resolviam".

Esta passagem bíblica caracteriza bem o papel de assessoramento exercido por Jetro, quando recomenda a Moisés adotar a *descentralização administrativa*, a *delegação de autoridade*, a *amplitude administrativa* – ao fixar em dez o número de subordinados que um chefe deve supervisionar –, a *unidade de comando*, a seleção de executivos competentes e com princípios éticos e o *princípio de direção*.

1.3. Influência da Filosofia na Administração

Como os filósofos são os primeiros a influenciar diretamente na construção do pensamento da administração, torna-se necessário entender o *que é Filosofia*. Em sentido vulgar, e de uso corrente na linguagem comum, *filosofia* é uma visão do mundo, uma concepção de vida, que o homem adota para seu uso pessoal. É nesta acepção que se pode falar de uma *filosofia de vida*, mais pessimista ou mais otimista, menos séria ou menos boêmia. E, neste sentido, todos nós temos uma filosofia que explica nossas atitudes perante a sociedade. Esta concepção é vulgar, individual e exclusivista. Por ela a *Filosofia* jamais alcançaria o *status* de ciência.

Pitágoras achava ambiciosa a denominação de *sophós*, sábio, para homens que buscavam a sabedoria, e substituiu-a por *philósophos* (*phílos* = buscar + *sophós* = sábio, sabedoria) passando a usá-la para si(2). Portanto, Filosofia é *amor à sabedoria*; ou a *busca da verdade*. O verdadeiro filósofo é o sábio que busca e ama a sabedoria, a verdade. Se a sabedoria é Deus, por quem todas as coisas foram feitas, diz Platão, o verdadeiro filósofo é aquele que *ama Deus*. Portanto, filosofar é amar Deus.

Sócrates, Platão e Aristóteles – expoentes da filosofia grega – surgem no período de apogeu da democracia ateniense. Suas filosofias distinguem-se não só pela preocupação metafísica ou procura do ser, mas também pelo interesse político em criar a cidade harmoniosa e justa que tornasse possível a formação do homem de acordo com a educação, a instrução, a disciplina e a vida conforme a sabedoria[3]. Já Francis Bacon e René Descartes são filósofos contemporâneos da Idade Moderna. É baseado no pensamento de Descartes que Taylor fundamenta a Teoria da Administração Científica.

1.3.1. Sócrates

"Conhece-te a ti mesmo" – A Encíclica Fides et Ratio[4] destaca esta famosa frase que é o lema em que Sócrates cifra toda a sua vida de sábio. Esta frase estava esculpida no dintel do templo de Delfos, para testemunhar uma verdade basilar que deve ser assumida como regra mínima de todo homem que deseja distinguir-se, no meio da criação inteira, pela sua qualificação de homem.

Sócrates foi sempre modelo irrepreensível de bom cidadão. Formou o seu conhecimento através da reflexão pessoal, baseada na elevada cultura ateniense da época. Julgava que devia servir a pátria conforme suas atitudes, vivendo justamente e formando cidadãos sábios, honestos, temperados – diversamente dos sofistas, que agiam para o próprio proveito e formavam grandes egoístas, capazes unicamente de se acometerem uns contra os outros e escravizar o próximo.

E mais, foi uma pessoa convicta de seus princípios e reto em seu comportamento exemplar. Não se eximia das responsabilidades e as enfrentava com coragem e determinação. Assim comenta Sócrates, ao saber de sua sentença de morte[5]:

> *"Eu vos declaro que a virtude não é dada pelo dinheiro, mas que da virtude provém o dinheiro e todos os outros bens do homem, quer públicos, quer privados. Digo-vos, portanto,... condenai-me ou não... eu jamais hei de alterar os meus caminhos, ainda mesmo que eu deva morrer muitas vezes".*

Sócrates, em sua discussão com Nicomaquides, expõe o seu ponto de vista sobre a *Administração como uma habilidade pessoal* separada do conhecimento técnico e da experiência[6].

> *".... Nicomaquides, não desprezeis homens hábeis em administrar seus haveres; pois os afazeres privados diferem dos públicos somente em magnitude; em outros aspectos, são similares..."*

Portanto, ao visualizar a administração como uma arte, a Filosofia cria uma barreira ao desenvolvimento das Teorias da Administração.

1.3.2. Platão

As observações de Platão sobre os processos de divisão do trabalho e sobre as vantagens de diferentes tipos de moeda para as transações internas e internacionais muito contribuiram para despertar o interesse numa ciência destinada à análise dos fatos econômicos.

O filósofo, para Platão, é um mediador entre o sábio e o ignorante. O sábio não filosofa porque já possui a sabedoria, e o ignorante, porque não a tem e não a quer ter. Segundo ele, há um mundo de realidade e um mundo de aparência. Platão aprofunda-se nos problemas políticos e expõe sua tese sobre a forma democrática de governo, que vem a constituir-se no embrião da Administração participativa.

1.3.3. Aristóteles

Aristóteles – considerado o primeiro analista econômico – foi quem formulou os problemas econômicos associados a questões éticas, religiosas e políticas. A preocupação primordial de Aristóteles com a justiça distributiva e comutativa é um forte indicador da importância dada à associação da ética com problemas econômicos.

Aristóteles é considerado o fundador e o sistematizador da lógica formal. Em sua obra *Política*, estuda a organização do Estado e distingue três formas de Administração Pública: monarquia, governo de uma só pessoa; aristocracia, governo de uma elite; democracia, governo do povo[(7)]. Foi Aristóteles quem introduziu o termo ética – de origem grega – na filosofia ocidental. O ser se manifesta não apenas na natureza, mas também na ação ou práxis humana: no *ethos* – hábitos, costumes, instituições – produzidos pela sociedade. O *ethos* se refere à "morada" e à organização de um povo ou de toda a sociedade.

Diferentemente da natureza, caracterizada pela necessidade e pela repetição do mesmo, o *ethos* é espaço de liberdade, de diferença. Na concepção clássica, depois assumida pelo cristianismo, a liberdade não é meramente subjetiva. Toda pessoa humana busca sua felicidade. Portanto, a felicidade não consiste apenas em fazer o próprio gosto, arbitrariamente, mas em buscar a própria realização; ou seja, o que é bom, o que é conforme à natureza humana.

Como o indivíduo pode discernir o que é bom, o que o tornará verdadeiramente feliz? Num primeiro momento, é o próprio *ethos* da sociedade em que vive (seus costumes, suas leis, suas instituições) que aponta o que é "bom". O segredo da paz não é tornar nossas realizações iguais aos nossos desejos, mas baixar nossos desejos ao nível de nossas realizações. "*Se o que você possui lhe parece insuficiente, então, mesmo que você possua o mundo ainda irá sentir-se infeliz*", disse Sêneca(8).

1.3.4. Confúcio

Confúncio é considerado o maior gênio filosófico da China, e fundador da literatura chinesa. Seu nome é a latinização de três palavras chinesas Kung Fu-Tzu ou seja, Confucius em latim, e Confúcio em português.

Uma das características da filosofia chinesa é que ela está mais voltada para os aspectos ético-sociais da vida, do que para as grandes questões metafísicas. A sua doutrina era prática. Pretendia apenas ensinar as pessoas a viverem com sabedoria. Pregava a prática de virtudes éticas na vida pública e privada: a benevolência, a retidão ou justiça, a obediência às tradições.

Confúcio preocupava-se, particularmente, com as pessoas que ocupavam postos de comando porque acreditava de um modo todo especial na *força do exemplo* para a renovação e educação dos homens. O *exemplo* era, para Confúcio, muito mais *eficaz* do que as leis e as sanções. A boa conduta depende do domínio que o indivíduo exerce sobre si mesmo. Para ele, o comportamento individual deve-se exteriorizar numa atitude compreensiva e amorosa perante o próximo(9).

Por estar mais voltada para os aspectos ético-sociais da vida, é interessante observar que esta máxima da Teologia: *"Tomai cuidado de vós mesmos"* (Lc 17,2) reflete toda uma preocupação de Confúcio com a busca incessante pelo comportamento humano exemplar.

1.3.5. Francis Bacon

Francis Bacon é considerado o fundador da *Lógica Moderna*, uma vez que, ao basear-se no método experimental e indutivo, tenta separar o essencial do acidental ou acessório[10]. Para ele, todo conhecimento não aplicado reduzia-se a uma vaidade acadêmica, assim conhecimento não partilhado com a sociedade não tem serventia para nada.

Dizia Bacon[11]: *"Os homens maliciosos condenam os estudos, os homens simples os admiram, e os homens sábios se utilizam deles"*. Note-se que este pensamento de Francis Bacon está plenamente associado a este provérbio bíblico:

> *"Quando o inteligente ouve uma palavra sábia, ele a recebe e a enriquece. Quando o insensato ouve uma palavra sábia, ele a despreza e a joga fora"* (Eclo 21,15).

E assim, vários pensamentos de Bacon estão associados aos pensamentos teológicos. Bacon, por exemplo, ao afirmar que *"o meio mais seguro de evitar sedições é afastar a causa; porque se o combustível estiver preparado, é difícil dizer de onde virá a fagulha que irá atear-lhe o fogo"*, ele está confirmando esta máxima da teologia que diz o seguinte:

> *"Antes que o fogo se acenda, a chaminé solta fumaça e vapor, e antes do sangue vêm os insultos"* (Eclo 22, 24).

Segundo Bacon, a revolta da sociedade, geralmente, ocorre por dois motivos fundamentais: muita pobreza e muito descontentamento. As causas e os motivos das sedições são os impostos; as modificações de leis e costumes; o cancelamento de privilégios; a opressão generalizada; o progresso de pessoas indignas; e tudo aquilo que, ao ofender um povo, faz com que a sociedade se una em torno de uma causa comum. A melhor receita para evitar conflitos é uma distribuição eqüitativa da riqueza: *"O dinheiro é como o esterco, só é bom se for espalhado"*.

1.3.6. René Descartes[12]

René Descartes, pai do racionalismo moderno, inaugurou a grande virada antropocêntrica na filosofia moderna, ao substituir Deus pelo homem. Se para a filosofia tradicional – fundamentada na certeza – Deus é o centro do universo, ao lançar a filosofia da dúvida, Descartes coloca o homem no centro do universo. O que René Descartes fez foi instituir a filosofia da dúvida, ao separar o pensar do existir e identificando-o com a própria razão: "*Cogito, ergo sum*" (Penso, logo existo). Ele quer, desta maneira, estabelecer um método universal, inspirado no rigor matemático e em suas "longas cadeias de razão". Para Descartes, o mundo físico não possui mistérios.

Para São Tomás de Aquino, *não é o pensar que decide a existência, mas é a existência que decide o pensar!* Penso do modo que penso, porque sou o que sou. Para melhor entendermos a nefasta filosofia moderna de Descartes, e suas implicações para o pensamento da administração, apresentamos, a seguir, um quadro comparativo entre os pensamentos de René Descartes e os de S. Tomás de Aquino.

É interessante observar que os princípios lógicos racionalistas, considerados válidos por si mesmos, são idênticos aos que, na Matemática, têm o nome de *definições* e *axiomas*, elementos diretamente responsáveis pela demonstração de teoremas e soluções de problemas.

Descartes, absolutizando a consciência subjetiva, leva preferencialmente para a pura consciência do Absoluto que é o *puro pensar*. Esse Absoluto não é a *existência autônoma*, mas de certo modo o *pensar autônomo*. Portanto, para Descartes, só tem sentido aquilo que corresponde ao pensamento humano, e, com ele, o homem volta as costas à metafísica e se concentra na filosofia do conhecimento.

De acordo com o racionalismo iluminista, o homem deveria viver deixando-se guiar exclusivamente pela própria razão, uma vez que a existência de Deus de nada servia à ciência, ou como se Deus não se interessasse pelo mundo. Na verdade, o racionalismo iluminista só podia aceitar um Deus fora do mundo, sobretudo por ser esta uma hipótese inverificável. Era imprescindível, enfim, que Deus fosse deixado fora do mundo.

Filosofia Moderna – Dúvida	Filosofia Tradicional – Certeza
René Descartes	*S. Tomás de Aquino*
Separa o pensar do existir "Penso, logo existo".	Não é o pensar que decide a existência, mas a existência que decide o pensar "Penso do modo que penso, porque sou o que sou".
Homem: centro do universo (egocentrismo)	Deus: centro do universo (cristocentrismo).
Consciência do absoluto (pensar autônomo).	Consciência subjetiva (existência autônoma).
Só tem sentido aquilo que corresponde ao pensamento humano.	O importante é a verdade.
Racionalismo Filosofia do conhecimento.	Metafísica Cristianismo.
Culto à deusa Razão.	Culto a Jesus Cristo.
Deus está fora do mundo.	Só Deus pode dar ao homem a vida eterna.
Homem é guiado pela própria razão, como se Deus não existisse.	O homem é guiado pelo Espírito Santo de Deus.
Não acredita na existência da salvação divina.	Reflexão teológica sobre a salvação do homem.
O mundo é auto-suficiente Deus não é Amor... talvez inteligência que conhece eternamente.	Deus amou o mundo... porque o mundo acha-se submetido à corrupção e à mortalidade.
É este mundo que deve fazer o homem feliz.	O mundo não é a fonte definitiva da felicidade do homem.
Não aceita a realidade do pecado e nem o pecado original que é o orgulho.	O homem pode vir a ser fonte de sua perdição, através do pecado. O maior pecado do homem é o orgulho.

Adaptado da obra: *Cruzando o Limiar da Esperança* – Papa João Paulo II. Editora Francisco Alves, 1ª edição.

2. Evolução do Pensamento Administrativo

De acordo com eminentes especialistas, na Administração, como nos demais ramos do conhecimento, há um *continuum* de idéias em incessante entrelaçamento evolutivo, inspiradas no passado, praticadas no presente e aprimoráveis no futuro.

Para Bertram M. Gross, por exemplo, as raízes mais aparentes da evolução do pensamento administrativo encontram-se no *Renascimento*, movimento esse que forneceu as sementes da chamada Revolução Industrial. Ele vê nesses acontecimentos as sementes da administração científica, das relações humanas, do processo decisório gerencial e de outros conceitos da administração moderna.

2.1. A Influência da Revolução Industrial

A Revolução Industrial (1780 a 1840) é considerada o período histórico em que a Inglaterra passou de uma sociedade mercantilista – de economia preponderantemente agrária – para uma economia industrial, caracterizada pela produção em larga escala, mediante a substituição do homem pela máquina. Convém lembrar que a industrialização inglesa foi feita sob a influência do liberalismo econômico de Adam Smith, que preconizava a livre concorrência sem o protecionismo estatal, sob qualquer espécie.

A partir de 1780, na Inglaterra, os índices da economia começaram a apresentar resultados expressivos para a época. E em 1840, o período abrangido pela Revolução Industrial já tinha completado o seu ciclo. Foi a implantação e a expansão da rede ferroviária interna inglesa que impulsionou o desenvolvimento da indústria pesada, que passou, inclusive, a construir estradas de ferro e a exportar navios, trens e máquinas para outros continentes.

Apesar de pioneira na industrialização, a Inglaterra não deixou de adotar drásticas medidas preventivas, por não admitir competidores, a fim de proteger o seu mercado têxtil em franca expansão. Por exemplo, aos colonos ingleses na América do Norte não era permitido fabricar tecidos, instalar fundições, nem explorar o comércio internacional, mas apenas fornecer o algodão e consumir os tecidos ingleses. A Índia, colônia inglesa, que antes vendia panos para a Europa e para a Inglaterra, foi obrigada a interromper a produção têxtil e a consumir o pano inglês; a indústria têxtil da Índia foi completamente desmantelada. Portugal comprometeu-se, através do tratado de Methen, a não fabricar panos, a importar tecidos e exportar vinhos. Não era permitida a exportação de teares para a Holanda.

Convém destacar que, com a comercialização de tecidos, compravam-se escravos na África para o plantio de algodão na América, matéria-prima indispensável para a indústria têxtil inglesa. A Inglaterra tornou-se o maior centro agenciador do tráfico negreiro no século XVIII.

2.2. A Influência do Pensamento Econômico

A terminologia Economia provém das expressões gregas *oikos* que significa casa ou patrimônio e *nomos*, lei, regra ou norma. Etimologicamente, economia quer dizer administração do patrimônio. Para não haver confusão com a expressão "economia doméstica ou privada", acrescentou-se o adjetivo *política*, para deixar claro que a Economia tinha como objeto específico a sociedade e não o indivíduo ou a unidade familiar.

A desagregação da sociedade, provocada pela Revolução Industrial, possibilita o surgimento do socialismo. O socialismo é uma teoria socioeconômica que pretende abolir o conflito social entre a burguesia, proprietária dos meios de produção, e o proletariado, os operários que vivem de alugar sua força de trabalho. Karl Marx e Friedrich Engels, publicam em 1848 o *Manifesto Comunista* (programa comunista). Dissolve a família no Estado e a economia particular na *economia coletiva*, estimula a *luta de classes* e prega a *igualdade social*.

Portanto, ficou assim instalada a luta entre Capitalismo × Socialismo, e a partir daí surge uma série de doutrinas intermediárias. A mais importante é a doutrina social católica, através da encíclicas papais, destacando dentre elas a Rerum Novarum (1891), a Quadragesimo Anno (1931), a Mater et Magistra (1961), Laborem Exercens (1981), dentre outras. Deve-se levar em consideração, que a doutrina social da Igreja oferece uma ampla gama de subsídios para diferentes situações culturais, econômicas e políticas, e aos especialistas nas várias disciplinas sociais compete a missão de promover o diálogo entre a fé cristã e a metodologia científica na busca de respostas autênticas e eficazes aos problemas que afligem a família humana.

Assim, a doutrina social da Igreja condena igualmente o Capitalismo e o Socialismo. A questão social se resolveria sem vitória para o capital ou trabalho. O problema fundamental é este: o Capitalismo sabe muito bem produzir, o que é fundamental, porém, *"no domínio da distribuição dos bens se confia unicamente nas leis econômicas do crescimento e do maior lucro"* (cf – Discurso de João Paulo II aos operários de São Paulo em 3/7/1980 – item 3). Por outro lado, o Socialismo é hoje definido essencialmente pela repartição "a cada um segundo o seu trabalho". Em outras palavras, o Socialismo sabe muito bem distribuir, mas não sabe produzir com eficiência e produtividade. Como o corpo não vive sem a alma já que corpo e alma formam um só ser, da mesma forma, o sucesso organizacional depende da contribuição conjunta do Capitalismo e do Socialismo(13).

2.3. A Influência dos Pioneiros e Empreendedores

A influência dos pioneiros e empreendedores foi fundamental para a criação das condições necessárias para o surgimento da Teoria Administrativa. A Guerra Civil americana (Guerra da Secessão – 1861 a 1865), gerada pelo espírito separatista da Carolina do Sul e com o apoio de outros Estados confederados, contra os Estados que haviam permanecido fiéis à União e aos princípios antiescravocratas defendidos por Lincoln, reclamando a fabricação de canhões e experimentando o lançando dos primeiros navios de guerra completamente revestidos em aço, fez incrementar a indústria siderúrgica. A Guerra da Secessão, na qual morreram cerca de 650.000 americanos, arrasou a economia sulista.

O término da guerra impulsionou a expansão industrial, com a construção de estradas de ferro para o desbravamento e a conquista do território americano. Foram as ferrovias que permitiram a completa ocupação do território americano e provocaram a rápida urbanização, criando, assim, novas necessidades de habitação, alimento, roupa, luz, possibilitando rápido crescimento das empresas voltadas para o consumo direto.

Com o surgimento e rápido crescimento dos impérios industriais, a sua complexidade administrativa começa a despontar os primeiros administradores profissionais. Na ânsia de dominar novos mercados, as empresas acumularam instalações e pessoal além do necessário, elevando seus custos administrativos. Os grandes empreendedores não tinham condições de organizar seus impérios industriais, pois eram empreendedores e não organizadores. A organização era tarefa tão ou mais árdua que a criação dessas empresas.

Resumo

Desde a Antigüidade, as atividades estiveram relacionadas com a cooperação humana, existindo, assim, alguma forma rudimentar de administrar as organizações. E que, somente nos regimes totalitários, onde o trabalho humano era considerado atividade pouco nobre, as afirmações de que as obras faraônicas representam sinais de "competência administrativa" perdem o sentido.

Ainda na Antigüidade, relatos bíblicos demonstram que pessoas que administraram com sabedoria e prudência representam os verdadeiros sinais de competência administrativa, como foi o caso de José – filho de Jacó. Este, ao apresentar ao Faraó um plano para superar a violenta escassez de alimentos que, de fato, o país sofreu, recebeu o encargo de Administrador do Egito, exercendo-o com competência.

Sócrates, Platão e Aristóteles surgem no período de apogeu da democracia ateniense. Suas filosofias distinguem-se não só pela preocupação com o ser, mas também pelo interesse político em criar a cidade harmoniosa e justa que tornasse possível a formação do homem de acordo com a educação, a instrução, a disciplina e a vida conforme a sabedoria. No entanto, é baseado no pensamento de Descartes que Taylor fundamenta a sua Teoria da Administração Científica.

A Revolução Industrial é considerada o período histórico em que a Inglaterra passou de uma sociedade mercantilista para uma economia industrial, caracterizada pela produção em larga escala, mediante a substituição do homem pela máquina. E que a industrialização inglesa foi feita sob a influência do liberalismo econômico de Adam Smith, que preconizava a livre concorrência sem o protecionismo estatal, sob qualquer espécie.

O surgimento dos grandes empreendimentos, que criaram condições para o surgimento da Teoria Administrativa, teve origem na Guerra da Secessão, onde os separatistas iniciaram a fabricação de canhões e os primeiros navios de guerra completamente revestidos em aço, fator decisivo para impulsionar a indústria do aço.

E, com o surgimento e rápido crescimento dos impérios industriais e sua complexidade administrativa, começam a despontar os primeiros administradores profissionais. Isso porque os grandes empreendedores não tinham condições de organizar seus impérios industriais, pois eram empreendedores e não organizadores.

Referências Bibliográficas

1. MIEN, Aleksandr. *Jesus Mestre de Nazaré: a história que desafiou 2.000 anos*. Vargem Grande Paulista: Editora Cidade Nova, 1998, pp. 24 e ss.
2. HEIDEGGER, M.; JASPERS, K. et al. *Filosofia. Enciclopédia Mirador Internacional* (Encyclopaedia Britannica do Brasil) 1986, p. 4.603, item 1.1.
3. Idem p. 4.604, item 2.
4. JOÃO PAULO II, Papa. *Carta Encíclica Fides et Ratio*. São Paulo: Paulinas, 1998, pp. 5 e 6.
5. GOMPERZ, T.; ZELLER, E. et al. *Filosofia Grega. Enciclopédia Mirador Internacional* (Encyclopaedia Britannica do Brasil), 1986, p. 4.610.
6. CHIAVENATO, Idalberto. *Teoria Geral da Administração: abordagens prescritivas e normativas da administração*, vol. 1, 6ª ed. Rio de Janeiro: Campus, 2001. In: PLATÃO, *Discurso de Sócrates*. Porto Alegre: Ed. Globo, 1955, Livro III, cap. 4.
7. GOMPERZ, T.; ZELLER, E. et al. *Filosofia Grega. Enciclopédia Mirador Internacional* (Encyclopaedia Britannica do Brasil), 1986, p. 4.611, item 37.
8. CNBB. *Ética: Pessoa e Sociedade*. São Paulo: Paulinas, 1993.
9. DASGUPTA, S. N.; MASSON-OURSEL, P. et al. *Filosofia Oriental. Enciclopédia Mirador Internacional* (Encyclopaedia Britannica Brasil), 1986, pp. 4.607-08, item 5.
10. MARIÁS, Julían. *História de La Filosofia*. 20ª ed. Madrid: editorial Revista de Occidente, 1967, p. 240.

11. FRANCA, Leonel. *Noções de História da Filosofia*. 24ª ed. Rio de Janeiro: Agir, 1990.

12. JOÃO PAULO II, Papa. *Cruzando o Limiar da Esperança*. Rio de Janeiro: Francisco Alves, 1994, pp. 63 e ss.

13. LEÃO XIII, Papa. *Encíclica Rerum Novarum*. São Paulo: Paulinas, 1965.

2

Administração e a Questão Social

"O pão mata a fome do pobre. A injustiça mata o pobre de fome."

Orlando Gambi

Introdução

Este capítulo concentra-se na abordagem sobre o trabalho humano e suas conseqüências sociais, ao:

1) apresentar a origem e o significado do trabalho humano, a partir de seu sentido etimológico;
2) mostrar a diferença que há entre emprego e trabalho, bem como a sua dimensão fundamental para a existência do homem sobre a terra;
3) apresentar as causas da origem da *Rerum Novarum* e conhecer os principais aspectos relacionados com a condição do trabalho humano nas organizações;
4) analisar a postura da Administração frente a Doutrina Social da Igreja, no que diz respeito à hierarquia de valores, à solidariedade e à humanização do trabalho humano, sempre na tentativa de minimizar cada vez mais os conflitos entre capital e trabalho.

1. O Trabalho Humano

1.1. Origem e Significado do Trabalho

Etimologicamente, a palavra *trabalho* origina-se das expressões latinas *labor* e *opus*, que significam trabalhar, executar, fatigar-se. Na Bíblia, o trabalho é apresentado como uma necessidade que leva à fadiga e que resulta de uma maldição:

"Comerás o pão com o suor de teu rosto" (Gn. 3,19).

Decorre desse princípio bíblico o sentido de obrigação, dever, responsabilidade, impregnado à noção de trabalho. As Santas Regras de São Bento também tiveram grande influência na concepção do trabalho, baseando-se na necessidade de salvação do homem e sua aproximação a Deus, por meio do trabalho e como forma de não cair em tentação. É dessa forma que os beneditinos, colocando em prática seu lema *ora et labora* (reza e trabalha), tiveram papel decisivo na reconstrução da Europa após a queda do império Romano. As encíclicas papais *Rerum Novarum* e *Populorum Progressio* demonstram que as preocupações da Igreja com as questões do trabalho possuem uma correlação direta com os contextos sócio-econômico-políticos[(1)].

O trabalho constitui uma dimensão fundamental da existência do homem sobre a terra. O domínio do homem sobre a terra se realiza no trabalho e mediante o trabalho. *"O trabalho é uma das características que distinguem o homem do resto das criaturas, cuja atividade, relacionada com a manutenção da própria vida, não se pode chamar trabalho"*[(2)]. A palavra trabalho indica toda a atividade consciente e social realizada pelo homem, tanto manual como intelectual, visando a transformar o meio em que habita, segundo suas próprias necessidades.

Lembre-se de que o trabalho humano é eminentemente criador. Outra característica que distingue o trabalho humano da atividade dos animais é a utilização de instrumentos. O homem, inicialmente, utiliza-se de seus próprios membros como instrumento de trabalho. Entretanto, para tarefas mais complexas, fabrica instrumentos, que nada mais são que prolongamentos de seus próprios membros. Somente o homem tem capacidade para o trabalho e somente o homem o realiza preenchendo ao mesmo tempo com ele a sua existência sobre a terra. Assim, o trabalho comporta em si uma marca particular do homem e da humanidade, a marca de uma pessoa que opera numa comunidade de pessoas. Através do trabalho, o homem contribui para o progresso contínuo das ciências e da técnica, e para a incessante elevação cultural e moral da sociedade.

1.2. Trabalho versus Emprego

Antes de aprofundarmos sobre a análise do trabalho humano, convém esclarecer a diferença entre trabalho e emprego. No linguajar corrente, emprego e trabalho tem o mesmo sentido. Quando falamos de trabalho, pensamos em emprego. De acordo com a CNBB(3), o ser humano nasce e é educado para arranjar emprego e garantir a sobrevivência. Emprego, salário, estabilidade e aposentadoria – é esta a linha normal de vida desejada pela maioria dos trabalhadores. Profissão e ocupação fazem parte da identidade, do objetivo e do sentido da vida para a maioria das pessoas.

O "trabalho", nesta sociedade capitalista, é entendido como uma atividade social, destinada a fazer parte do movimento de trocas em nossa sociedade. Este tipo de trabalho recebe o nome de emprego. Ele depende de um contrato com o empregador, do pagamento de um salário e entra no quadro da produção de bens e serviços mercantis. Este é o "trabalho" que está faltando para muita gente. Mas trabalho, no sentido mais profundo, corresponde à criação de uma obra. É tudo o que é feito por meio de atividades artísticas, esportivas, filosóficas etc., e sua finalidade é a criação de sentido, a criação de si, de subjetividade, a criação de conhecimento... O trabalho do criador, do pesquisador é muito importante, como o é o da mãe de família e da parteira. Assim mesmo, costuma-se dizer que eles "não trabalham", "não têm um trabalho". A idéia dominante de trabalho está ligada ao emprego ou ao trabalho útil, que é pago por dinheiro. Neste sentido, o artista "trabalha" quando dá cursos ou aulas, ou quando atende a uma encomenda(3).

Considerando o progresso da ciência e da técnica, hoje em dia muitas atividades foram mecanizadas. A técnica pode ser vista como uma aliada ou uma adversária do homem. É, indiscutivelmente, uma aliada do homem, quando, entendida como um conjunto de meios de que o homem se serve no próprio trabalho, facilita, aperfeiçoa, acelera e multiplica o trabalho; aumenta a quantidade e aperfeiçoa a qualidade dos produtos. Mas, a técnica pode transformar-se, também, em adversária do homem, quando suplanta o mesmo homem, tirando-lhe acima de tudo o emprego, ou tornando-o seu escravo(4). Lembre-se de que o trabalho humano que se exerce na produção e na troca dos bens econômicos e na prestação de serviços sobreleva aos demais fatores da vida econômica, que apenas têm valor de instrumentos(5).

2. A *Rerum Novarum* e o Trabalho Humano

A encíclica *Rerum Novarum*, escrita por Leão XIII em 15 de maio de 1981, foi o primeiro documento teológico a tratar diretamente sobre a condição dos operários. A *Rerum Novarum* pode colocar-se ao lado das grandes definições conciliares e das encíclicas pontifícias mais importantes pela ressonância social produzida e pelo influxo que ainda hoje exerce, ao fixar a doutrina social da Igreja sobre a questão operária.

2.1. O Progresso Econômico e a Desumanização do Trabalho Humano

Durante a Revolução Industrial e pós-industrial, o operariado estava submisso a condições de vida infra-humanas. Atingia desproporções alarmantes a desumanização do trabalho através da exploração do trabalho infantil e feminino. As jornadas diárias de trabalho, inclusive para mulheres e crianças, chegavam a atingir 14 a 16 horas. Mais da metade do salário era literalmente gasto com o pão, e a falta de assistência aos trabalhadores era total.

Para os capitalistas, o trabalho era, e ainda é nos dias atuais, considerado mercadoria. O liberalismo econômico consagra a opressão dos mais fortes sobre os mais fracos. Fica assim enfraquecido ainda mais o tecido social, alargando ainda mais o distanciamento entre as classes sociais.

Causas do Surgimento da *Rerum Novarum*

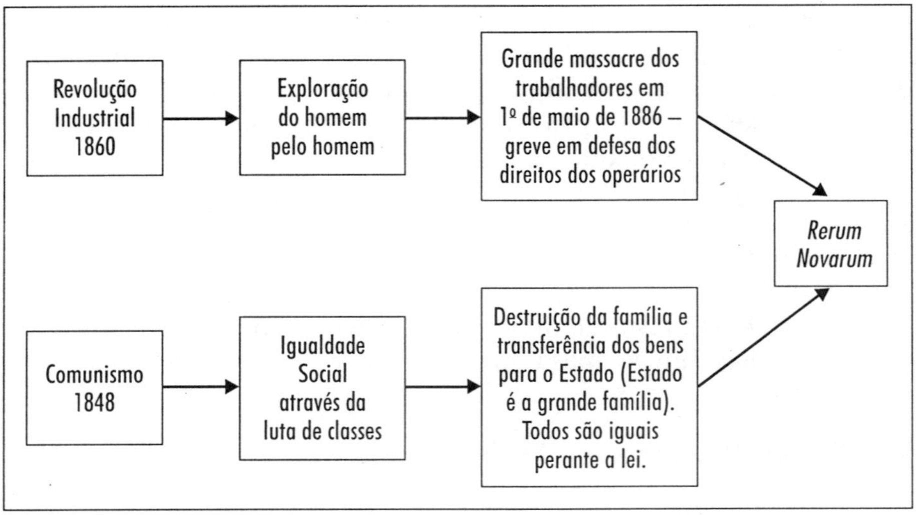
Revolução Industrial 1860
Exploração do homem pelo homem
Grande massacre dos trabalhadores em 1º de maio de 1886 – greve em defesa dos direitos dos operários
Rerum Novarum
Comunismo 1848
Igualdade Social através da luta de classes
Destruição da família e transferência dos bens para o Estado (Estado é a grande família). Todos são iguais perante a lei.

Karl Marx e Engels aproveitam esta oportunidade para lançarem o manifesto comunista que incita a sociedade a promover a igualdade social através da luta de classes. A desumanização do trabalho provocada pela Revolução Industrial foi um dos principais fatores para o surgimento da carta encíclica *Rerum Novarum* do papa Leão XIII, publicada em 1891, conhecida também como carta do trabalho. O documento é uma reação contra o sistema de injustiça e de danos que pesava sobre a classe trabalhadora, sob o ponto de vista da moral social.

A Revolução Industrial provocou profundas transformações sociais e econômicas, no que diz respeito à relação entre moral e economia. Surge, então, a lei do mercado, lei suprema que altera as relações entre os fatores econômicos; que estabelece a livre concorrência sem limites; que permite a livre flutuação de juros, de preços das mercadorias e dos serviços; que controla os salários, mantendo-os sempre achatados.

Passa a vigorar, então, a lei do mais forte, sem a intervenção do Estado. É o acumulo de riquezas nas mãos de poucos, e a degradação da qualidade de vida da classe trabalhadora. É, em última instância, a transformação do trabalho humano em simples mercadoria (ou fator de troca).

Conforme lembra bem o papa João Paulo II, em sua carta encíclica *Laborem Exercens* – O Trabalho Humano –, *"O homem é chamado ao trabalho. O trabalho é um das características que distinguem o homem do resto das criaturas, cuja atividade, relacionada com a manutenção da própria vida, não se pode chamar trabalho; somente o homem o realiza preenchendo ao mesmo tempo com ele a sua existência sobre a terra. Assim, o trabalho comporta em si uma marca particular do homem e da humanidade, a marca de uma pessoa que opera numa comunidade de pessoas".*

Passados 100 anos da encíclica *Rerum Novarum*, o panorama do mercado de trabalho pouco avançou, ou melhor, piorou ainda mais, em função do acelerado avanço das condições tecnológicas, econômicas e políticas. Basta citar a introdução generalizada da automação nos segmentos industrial, comercial e de serviços; o aumento do custo da energia, a falta de consciência sobre as limitações do patrimônio natural e a insuportável poluição. Infelizmente, há o progresso tecnológico, mas o homem não progride em seu aspecto comportamental.

Indiscutivelmente, o trabalho humano é a chave essencial de toda questão social. Como a questão social torna-se cada vez mais complexa, a sua gradual solução deve ser buscada incessantemente no sentido de tornar a vida humana mais humana.

Todos os esforços dos indivíduos e das sociedades são indispensáveis para que *"o progresso social possa acompanhar e igualar o desenvolvimento econômico, de modo que todas as categorias sociais tenham parte nos produtos obtidos em maior quantidade"*(6).

Por outro lado, *"a riqueza econômica de um povo não depende só da abundância global dos bens, mas também, da real e eficaz distribuição deles segundo a justiça, para tornar possível a melhoria do estado pessoal dos membros da sociedade: é este o fim verdadeiro da economia nacional"*(7).

A partir destas perspectivas, e baseando-se na convicção de que *"o trabalho constitui uma dimensão fundamental da existência do homem sobre a terra"*(8), a *Rerum Novarum* vai consolidar na Doutrina Social da igreja os principais pontos geradores de conflitos entre capital e trabalho.

A *Rerum Novarum* foi um documento de significado ímpar para esclarecer e reordenar os pontos de conflitos e de controvérsias entre *o mundo do capital* e *o mundo do trabalho*, surgidos a partir da Revolução Industrial. O conflito foi originado pelo fato de que os operários punham as suas forças à disposição das organizações que, guiadas pelo princípio do máximo lucro da produção, procuravam manter os menores salários possíveis, sem considerar outros aspectos, como falta de segurança no trabalho e de garantias quanto às condições de saúde. As encíclicas posteriores, como *Quadragésimo Anno*, *Mater et Magistra* e, mais recentemente, a *Laborem Exercens*, vieram confirmar e ampliar os pontos importantes destacados na *Rerum Novarum*. Estes são alguns dos principais pontos tratados pela Carta Encíclica de Leão XIII.

2.2. Pontos Tratados pela Rerum Novarum[9]

Como a natureza estabeleceu (de forma salutar) diferenças entre as pessoas, de onde nasce a desigualdade de condições, a *Rerum Novarum* faz um paralelo entre a organização e o corpo humano. Como no corpo humano há diversidade de membros e todos se adaptam perfeitamente bem uns aos outros, o mesmo deve ocorrer na sociedade e na organização. Assim, na organização deve haver também unidade na diversidade de pensamentos, já que não se concebe haver capital sem trabalho, nem trabalho sem capital. Ao defender a desigualdade social, a *Rerum Novarum*, à primeira vista, está simultaneamente contra o manifesto comunista, que prega a igualdade das classes sociais e contra a afirmação bíblica: todos são iguais perante Deus. Na verdade, deve-se cuidadosamente fazer uma clara distinção nesta que parece ser uma intrincada polêmica.

Ao afirmar que todos somos iguais perante Deus, a Bíblia está confirmando que, quanto ao tratamento e respeito à dignidade humana, todos devem ser tratados de forma igual, isto é, o ser humano deve ser respeitado como pessoa humana, seja qual for a sua condição econômica, social, religiosa e política. Já do ponto de vista social, a desigualdade é necessária e benéfica. Os talentos dos indivíduos devem, por força da natureza, ser distintos. Se todos fossem um só membro, onde estaria o corpo? Há, pois, muitos membros, mas um só corpo (1Cor, 12, 19).

A adoção da administração representativa – adotada por Taylor e Fayol – conduz à uniformidade de comportamento (exemplo é a figura do operário padrão), ao elevado grau de repetitividade de tarefas gerando a superespecialização e a desumanização do trabalho expressa pelo achatamento salarial, fruto do extremo racionalismo da administração. Por outro lado, a unidade na diversidade – de talentos profissionais – cria espaços para o desenvolvimento de soluções criativas nas organizações. A essa humanização da administração, na terminologia administrativa, denomina-se administração participativa.

Como a Revolução Industrial estimulou a exploração do homem pelo homem, conduzindo os operários (homens, mulheres, jovens e crianças) a uma excessiva jornada de trabalho, pouco diferenciando de um trabalho semi-escravo, o descontentamento da classe trabalhadora era total. Este descontentamento da classe trabalhadora gerava violentas reações dos operários, cujo ápice culminou com a greve dos trabalhadores no dia 1º de maio, de trágica memória.

A *Rerum Novarum* chama a atenção de patrões e empregados quanto às suas respectivas responsabilidades. As organizações não podem fazer do operário um mero instrumento de lucro; não impor trabalho excessivo, respeitando sua idade e sexo; não valorizar o operário somente pelo vigor de seus braços; não explorar a pobreza, a miséria e a indigência e pagar uma justa remuneração. E mais, as jornadas de trabalho devem ser reduzidas, deve-se criar o descanso semanal remunerado obrigatório, além de condenar o trabalho precoce.

Por outro lado, pede ao operário para não danificar o patrimônio da empresa ou roubar bens patrimoniais, como forma de manifestação de descontentamento. Esta atitude não tem nenhum fundamento. Se o operário apresenta suas reivindicações procedentes, com este comportamento e atitude de vandalismo perde totalmente a razão, enfraquecendo e anulando a reclamação de seus direitos. É a *Rerum Novarum* que vem estimular a criação de sindicatos para a solução de acordos salariais, propor a criação da seguridade social, para socorrer os operários, bem como as viúvas e órfãos, em caso de morte, de acidentes ou enfermidades. Propõe também a criação de previdência social (aposentadoria) para sustentar o trabalhador em sua velhice.

A *Rerum Novarum* combate as grandes organizações que detém a posse e uso exclusivo da riqueza, aqui entendida como "mercado". A carta encíclica é contra o domínio monopolista e oligopolista, porque através destes mecanismos de mercado, as grandes organizações nacionais e transnacionais concentram poderes para influenciar e dominar o mercado em nível global. Este documento tornou-se a célula embrionária que permitiu despertar as consciências da sociedade para organizar e articular grupos representativos como forma de combater a "concentração de riqueza" e a má distribuição de renda.

A carta encíclica faz a distinção entre a justa posse das riquezas e o seu legítimo uso. O documento pontifício lembra às pessoas que é um dever, depois de que haja suficientemente atendidas as suas necessidades e ao seu decoro (dignidade), lançar o supérfluo aos pobres. Entendendo os talentos como riqueza, a *Rerum Novarum* exorta ao homem utilizar seus talentos: quem tem o dom da oratória (eloqüência) use-o; quem possuir superabundância de bens, cultive a misericórdia para com os necessitados; quem tem talento para governar, faça-o em benefício da sociedade.

A encíclica explica o perverso mecanismo de funcionamento da solução socialista (ou comunista), cujo objetivo é tornar comum o uso dos bens pela sociedade, tendo somente o estado como seu único proprietário, subvertendo, assim, a ordem social e os direitos à propriedade particular. A *Rerum Novarum* explica o conceito de propriedade particular e demonstra que ela é um direito natural do homem, obtido através do trabalho, já que o trabalho é o meio universal de prover as necessidades do ser humano.

Do ponto de vista da *Rerum Novarum*, salário justo é aquele que permite ao trabalhador manter a sua família e ainda conseguir formar um patrimônio. Nos acordos salariais não deve haver a intervenção do Estado. A mediação deve ser feita pelos órgãos representativos de cada categoria (sindicatos).

"O problema-chave da ética social é o problema da justa remuneração do trabalho que é executado. Em qualquer sistema, a remuneração do trabalho permanece um meio concreto pelo qual a grande maioria dos homens pode ter acesso aos bens que estão destinados ao seu uso comum. Uma justa remuneração do

trabalho é aquela que for suficiente para fundar e manter dignamente uma família e para assegurar o seu futuro. Ao lado do salário, devem ser consideradas também outras subvenções sociais, como fácil acesso à assistência sanitária, repouso semanal regular, férias, pensão de aposentadoria e ao seguro de acidentes de trabalho"[10].

3. Administração e a Questão Social

3.1. Parâmetro Humano

De acordo com esta máxima: *"Criamos progresso, mas esquecemos de progredir"*, só o *ser humano* é a medida de todas as coisas. Todo o conhecimento do mundo se faz de uma perspectiva humana, todo o julgamento das coisas do mundo se faz por um *parâmetro humano*. Assim, enaltecer o senso moral do Ser Humano não é um floreio de linguagem que a única espécie que fala se faz, é valorizar este frágil instrumento de medição pelo qual a vida revela seu sentido. O Ser Humano ou é moral, e julga tudo por um prisma moral, ou é apenas um mecanismo inútil[11].

Portanto, a Administração está intimamente relacionada com as questões sociais, uma vez que, neste processo, o papel central é o homem. Partindo desta máxima: *"Muitas pessoas são como o trem: só conseguem andar sobre trilhos"*, torna-se possível examinar o profundo relacionamento que há entre a Administração e a Doutrina Social da Igreja.

A Doutrina Social da Igreja é um conjunto de orientações doutrinais e critérios de ação para promover o homem, e tem como fonte a Sagrada Escritura, documentos, cartas, encíclicas e pronunciamentos papais. Ela não propõe um modelo político ou econômico concreto, mas indica caminhos, apresenta princípios para a construção de uma sociedade mais justa e fraterna. Por isso, cabe à Teologia o direito de colaborar na construção de uma justa ordem social e oferecer pistas e linhas que levam a humanidade ao progresso e a uma vida de justiça, união e amor. Em outras palavras, apresenta valores que defendem o homem contra manipulações do egoísmo e interesses econômicos e políticos[12].

3.1.1. Homem: Centro da Atividade Social

Afirma João Paulo II em Puebla que: "*Quando as injustiças aumentam e as distâncias entre os pobres e os ricos crescem dolorosamente, a doutrina social, de maneira criativa e aberta... deve ser um instrumento precioso de formação e ação*". O homem, centro e objeto primário de toda atividade social, é o critério do valor (ou desvalor) da promoção da sociedade, do progresso, da técnica e da ciência. Toda atividade social e científica deve visar à felicidade do ser humano e ao seu bem-estar. Ao falar do ser humano, estaremos falando do direito à vida, à integridade física e moral, à alimentação, à habitação, à educação, à saúde, ao trabalho, à participação responsável na sociedade. Uma casa, uma técnica e uma instituição por si só não têm valor, mas o serviço e o bem que oferecem ao homem lhe dão valor e sentido[(13)].

Ao se firmar a técnica como principal fator de progresso econômico, não raro surgem estas interrogações do tipo: Como Humanizar o Trabalho Humano? Por que o trabalho humano encontra-se, atualmente, tão desvalorizado? Quando o emprego vira um luxo, o salário fica um lixo, afirma bóia fria José Maria de Jesus.

Este depoimento traça um real perfil da triste realidade do mercado de trabalho neste início do terceiro milênio. Segundo a *Gaudium et Spes*, – Concílio Vaticano II – 1965:

> "*Não poucos homens... parecem como que dominados pela realidade econômica, de tal modo que toda a sua vida pessoal e social é impregnada de um certo espírito de lucro... No momento em que o progresso da vida econômica, dirigido e coordenado de maneira racional e humana, poderia diminuir as desigualdades sociais, com muita freqüência ele se torna agravamento das desigualdades sociais, e fator de piora da condição social dos fracos e de desprezo dos pobres. Enquanto uma enorme multidão tem ainda falta de coisas absolutamente necessárias, alguns, mesmo em regiões menos desenvolvidas, vivem na opulência... O luxo e a miséria existem simultaneamente. Enquanto poucos gozam do máximo poder de decisão, muitos carecem de quase toda a possibilidade de iniciativa pessoal e de responsabilidade de ação, encontrando-se muitas vezes a pessoa humana em condições indignas de vida e de trabalho*" (GS 63).

Os atuais avanços nas condições tecnológicas, econômicas e políticas da sociedade estão exercendo profundas influências no mundo do trabalho e da produção. Torna-se, assim, urgente descobrir *novos significados do trabalho* humano. Como o trabalho humano é a *chave essencial de toda a questão social* (*conteúdos e tensões de caráter ético e ético-social*), não há outra possibilidade de "tornar a vida humana mais humana", senão através do trabalho humano. O trabalho constitui uma dimensão fundamental da existência do homem sobre a terra.

3.1.2. Valor Ético do Trabalho Humano

O trabalho humano tem seu valor ético, ligado ao fato de aquele que o realiza ser uma pessoa, um sujeito consciente e livre, isto é, um sujeito que decide de si mesmo.

Na *Idade Antiga*, o trabalho que requeria o uso das forças físicas – dos músculos e das mãos –, era considerado indigno dos homens livres, e, por isso, eram executados pelos escravos. A partir do Cristianismo, o fundamento para determinar o valor do trabalho humano não é em primeiro lugar o gênero de trabalho que se realiza, mas o fato de aquele que o executa ser uma pessoa. As fontes da dignidade do trabalho devem ser procuradas, sobretudo, não na sua dimensão objetiva, mas sim na sua dimensão subjetiva.

Isto não quer dizer que o trabalho humano não possa e não deva ser de algum modo valorizado e qualificado de um ponto de vista objetivo. Isto quer dizer somente que *o primeiro fundamento do valor do trabalho é o mesmo homem*, o seu sujeito. E relaciona-se com isto imediatamente uma conclusão muito importante de natureza ética: embora seja verdade que o homem está destinado e é chamado ao trabalho, convém lembrar que o trabalho é "para o homem" e não o homem "para o trabalho". E por esta conclusão se chega a reconhecer justamente a preeminência do significado subjetivo do trabalho sobre o seu significado objetivo.

Portanto, a *finalidade do trabalho*, de todo e qualquer trabalho realizado pelo homem – ainda que seja o trabalho mais humilde de um "serviço" e o mais monótono na escala do modo comum de apreciação e até o mais marginalizador – permanece sempre o mesmo homem.

Com o advento da era industrial, e por influência de várias correntes do pensamento econômico e mecanicista, o homem passa a ser tratado como mero instrumento de produção, estabelecendo-se, assim, a primeira e maior distorção à hierarquia de valores, valorizar, em primeiro lugar, a dimensão objetiva do trabalho – a técnica –, deixando, em um plano secundário, a dimensão subjetiva – o próprio homem.

Convém lembrar que o trabalho humano tem seu valor ético, já que quem o realiza é um ser humano consciente e livre, isto é, um indivíduo que decide por si mesmo(14).

A partir da Revolução Industrial, o trabalho passa a ser considerado como mercadoria *sui generis*, ou seja, como força-trabalho, termo este usado até nos dias atuais. É precisamente esta inversão da ordem que, por si só, já mereceria o nome de capitalismo. Como bem diz o papa João Paulo II: *"O trabalho é um bem do homem, é um bem da sua humanidade, porque, mediante o trabalho, o homem não somente transforma a natureza, adaptando-a às suas próprias necessidades, mas também se realiza a si mesmo como ser humano e até se torna mais humano"*(15).

Uma outra forma de distorção da hierarquia é a exploração do trabalho humano. O capitalismo, ao reduzir o trabalho humano ao emprego, tornou quase impossível outro tipo de trabalho. O fruto disso, hoje, é uma situação terrível: grande número de pessoas não têm chance de emprego, e ficam sem trabalho remunerado. Perdem o ponto de apoio fundamental para ganhar o necessário para viver, para conviver na sociedade e para desenvolver a própria personalidade. E mais, a maioria dos negros continua sem voz e vez, quando muito fazendo os trabalhos mais pesados e sofrendo grande exploração. O desemprego é marca da sociedade industrial(16).

De acordo com o relatório da Organização Internacional do Trabalho – OIT, de 1997, um bilhão de pessoas não tem emprego ou está subempregada no mundo. Este número representa cerca de 30% de todos que podem trabalhar(17). Desde a implantação do Plano Real, em 1º de julho de 1994, o Brasil já perdeu mais de um milhão de empregos formais.

3.2. Solidariedade e a Humanização do Trabalho Humano

O direito a um trabalho digno ocupa um lugar importante na doutrina social da Igreja. Por isso, diante das altas taxas de desemprego, que afligem muitos países americanos, e das duras condições de vida de tantos trabalhadores da indústria e do campo, *"é necessário apreciar o trabalho como elemento de realização e de dignidade da pessoa humana. É responsabilidade ética de uma sociedade organizada promover e apoiar uma cultura do trabalho"*(18).

Somente através da solidariedade e de uma conscientização cada vez mais clara dos direitos dos trabalhadores é possível continuar produzindo mudanças profundas da sociedade. Convém lembrar que a instrução, em si mesma, constitui sempre um valor e um enriquecimento importante da pessoa humana, desde que orientada para os tipos de emprego ou de serviços que são requeridos pelas verdadeiras necessidades da comunidade.

Os *pobres* originam-se a partir de *um resultado da violação da dignidade do trabalho humano*: e isso, quer porque as possibilidades do trabalho humano são limitadas, quer porque são depreciados o valor do mesmo trabalho e os direitos que dele derivam, especialmente o direito ao justo salário e à segurança da pessoa do trabalhador e da sua família(19).

A fadiga – fato universalmente conhecido e experimentado – faz parte do trabalho humano. Apesar da fadiga ser inerente, o trabalho é um bem do homem. E se este bem traz em si a marca de um "bem árduo" isso não impede que, como tal, ele seja um bem do homem. E mais, é não só um bem "útil" ou de que se pode usufruir, mas também é um bem "digno", ou seja, que corresponde à dignidade do homem. O trabalho é um bem do homem, um bem da sua humanidade porque, mediante o trabalho, o homem *não somente transforma a natureza*, adaptando-a às suas próprias necessidades, mas também *se realiza a si mesmo* como homem e até, num certo sentido, "se torna mais humano"(20).

3.2.1. Trabalho Humano: Vocação do Homem

O trabalho constitui o fundamento sobre o qual se edifica a *vida familiar*, que é um direito fundamental e uma vocação do homem. O trabalho é a condição que torna possível a fundação de uma família, uma vez que a família exige os meios de subsistência que o homem obtém normalmente mediante o trabalho. A família é, ao mesmo tempo, *uma comunidade tornada possível pelo trabalho e a primeira escola interna de trabalho* para todo ser humano[21].

Hoje em dia, o que interessa ao capitalista não é o trabalho humano, mas a mercadoria, pelo seu valor de troca. Se o capital conseguir produzir, por exemplo, com duas máquinas o equivalente produzido com 100 operários, ele ficará com as duas máquinas. Ao capitalista interessa baixar os preços de custo do produto, para acumular mais capital. Para atingir essa meta, ele irá certamente diminuir o custo do trabalho. Isso pode ser conseguido diminuindo os salários e aumentando a produtividade, com a substituição do trabalho humano pela máquina, cada vez mais aperfeiçoada.

Este *conflito* entre o *mundo do capital* e o *mundo do trabalho* foi originado pelo fato de que os operários punham as suas forças à disposição do grupo dos patrões e empresários, e de que este, guiado pelo princípio do maior lucro da produção, procurava manter o mais baixo possível o salário para o trabalho executado pelos operários. A isto há que juntar, ainda, outros elementos de exploração, ligados com a falta de segurança no trabalho e também com a ausência de garantias quanto às condições de saúde e de vida dos mesmos operários e das suas famílias[22].

Convém lembrar que, assim como o capital depende do trabalho, o trabalho também depende do capital. Separar o capital do trabalho, seria com que se tentar separar o corpo da alma. Assim sendo, não se pode contrapor o trabalho ao capital e o capital ao trabalho, e, muito menos, contrapor-se uns aos outros.

O homem, *pelo seu trabalho, entra na posse de um duplo patrimônio*; ou seja, do patrimônio dos recursos da natureza, e do patrimônio da técnica – um conjunto de instrumentos de trabalho, cada vez mais aperfeiçoados.

A ruptura desta visão coerente verificou-se no pensamento humano, e operou-se de tal maneira que o trabalho foi separado do capital e contraposto mesmo ao capital, e por sua vez o capital contraposto ao trabalho, quase como se fossem duas forças anônimas, dois fatores de produção, postos um juntamente com o outro na mesma perspectiva "economista". Está aqui situado o que se pode denominar de *erro do "economismo"*, *isto é*, quando o trabalho humano é considerado exclusivamente segundo a sua finalidade econômica[22].

3.2.2. Por que Antinomia entre Trabalho × Capital?

Evidentemente, a antinomia entre o trabalho e o capital tem a sua origem na desenfreada industrialização, na qual se divisava, em primeiro lugar, a possibilidade de multiplicar abundantemente as riquezas materiais, isto é, os meios perdendo de vista o fim, quer dizer o homem, a quem tais meios devem servir. Foi exatamente este *erro* de ordem prática que *atingiu*, antes de qualquer coisa, o trabalho humano, *o homem do trabalho*, e que causou (e continua ainda a causar) a reação social eticamente justa. É preciso, portanto, promover mudanças *que se atenham a uma linha de firme convicção do primado da pessoa sobre as coisas e do trabalho do homem sobre o capital*, entendido como conjunto dos meios de produção[22].

O direito à propriedade privada está subordinado ao direito ao uso comum, subordinado à destinação universal dos bens. A propriedade dos meios de produção adquire-se primeiro que tudo pelo trabalho e para servir ao trabalho. Considerá-los isoladamente, como um conjunto à parte de propriedades, com o fim de os contrapor, sob a forma do "capital", ao "trabalho" e, mais ainda, com o fim de explorar o trabalho, é contrário à própria natureza de tais meios e à da sua posse. Estes não podem ser *possuídos contra o trabalho*, como não podem ser *possuídos para possuir*, porque o único título legítimo para a sua posse – e isto tanto sob a forma da propriedade privada como sob a forma da propriedade pública ou coletiva – *é que eles sirvam ao trabalho*; e que, conseqüentemente, servindo ao trabalho, tornem possível a realização do primeiro princípio desta ordem, que é a destinação universal dos bens e o direito ao seu uso comum[22].

Logo, é inaceitável a posição do capitalismo radical, que defende o direito exclusivo da propriedade privada dos meios de produção, como um "dogma" intocável na vida econômica.

O *princípio da prioridade do trabalho em relação ao capital* é um postulado que pertence à ordem da moral social. Quando o homem trabalha, utilizando-se do conjunto dos meios de produção, deseja, ao mesmo tempo, que os frutos desse trabalho sejam úteis para si e para outrem.

O homem que trabalha deseja *não só receber a remuneração devida* pelo seu trabalho, mas deseja também que seja tomada em consideração, no mesmo processo de produção, a possibilidade de que ele, ao trabalhar, ainda que seja numa propriedade comum, esteja *cônscio de trabalhar "por sua conta"*. Esta consciência fica nele abafada, ao encontrar-se num sistema de centralização burocrática excessiva, na qual o trabalhador se vê, sobretudo, como peça de uma engrenagem num grande mecanismo movido de cima; e ainda, por várias razões, mais como um simples instrumento de produção do que como um verdadeiro sujeito do trabalho, dotado de iniciativa própria[(22)].

Deve fazer-se todo o possível para que o homem, mesmo num tal sistema, possa conservar a consciência de trabalhar "por sua própria conta". Caso contrário, verificam-se necessariamente danos incalculáveis em todo o processo econômico, danos que não são apenas de ordem econômica, mas que atingem em primeiro lugar o ser humano.

3.3. Significado do Dia do Trabalhador[(23)]

Em 1889, o Congresso Operário Internacional, reunido em Paris, decretou o 1º de maio, como o Dia Internacional dos Trabalhadores, um dia de luto e de luta. Esse decreto tem uma história que começa em Chicago. No dia 1º de maio de 1886, 500 mil trabalhadores e trabalhadoras foram às ruas de Chicago, nos EUA, em manifestação pacífica, exigindo a redução da jornada para oito horas de trabalho. A polícia reprimiu a manifestação, dispersando a concentração, depois de ferir e matar dezenas de operários.

3.3.1. Conquista da Redução da Jornada de Trabalho

Mas os trabalhadores não se deixaram abater, porque eram demais as horas diárias de trabalho. Os americanos eram obrigados a trabalhar 12, 14 e até 18 horas por dia. Essa longa jornada de trabalho levava o trabalhador ao esgotamento físico, tornando assim freqüentes os acidentes, em que muitos morriam ou ficavam mutilados para o resto da vida. Por isso, quatro dias depois da reivindicação de Chicago, no dia cinco de maio de 1866, os operários voltaram novamente às ruas e foram novamente reprimidos. Desta vez, oito líderes foram presos e "julgados", sendo cinco condenados à forca e três, à prisão perpétua. Dos cinco condenados à forca, quatro foram executados no dia 11 de novembro de 1887, porque um foi assassinado na prisão, na véspera da execução.

A luta não parou e a solidariedade internacional pressionou o governo americano a anular o falso julgamento e realizar novo júri, em 1888. Esse júri reconheceu a inocência dos operários, culpou o Estado americano e soltou os três presos. Em 1889, o Congresso Operário Internacional em Paris decreta o dia 1º maio, Dia do Trabalhador. E, em 1890, os trabalhadores americanos conquistam a jornada de oito horas.

Para neutralizar o sentido histórico de luto e de luta desse dia, os governos capitalistas decretaram o dia 1º de maio, como feriado nacional, e organizaram desfiles, jogos e festivais. No Brasil, o empresariado e o governo contam com a colaboração da Força Sindical para distrair, enganar e abafar a consciência dos trabalhadores, no dia 1º de maio. Promovem grande concentração e megashow com dezenas de cantores famosos e fazem sorteio de carros e apartamentos. A Pastoral Operária do Brasil realiza celebrações, passeata e ato público, com alguma mermória de líder operário ou fato trabalhista, com denúncia ou reivindicação sobre trabalho, terra e direitos sociais.

3.3.2. Direito ao Exercício do Trabalho Humano

A Declaração Universal dos Direitos Humanos, aprovada pela ONU em 10/12/1948, estabelece em seu artigo 23, parágrafos I a IV que:

1) todo o homem tem direito ao trabalho, à livre escolha de emprego, a condições justas e favoráveis de trabalho e à proteção contra o desemprego;
2) todo o homem, sem qualquer distinção, tem direito a igual remuneração por igual trabalho;
3) todo o homem que trabalha tem direito a uma remuneração justa e satisfatória, que lhe assegure, assim como a sua família, uma

existência compatível com a dignidade humana, e a que se acrescentarão, se necessário, outros meios de proteção social;

4) todo o homem tem direito a organizar sindicatos e a neles ingressar para proteção de seus interesses.

A realidade econômica e social deste terceiro milênio não condiz com a proposta da Declaração Universal dos Direitos Humanos aprovada pela ONU em 1948. Assim, declara o documento da III Conferência Geral do Episcopado Latino-Americano de Puebla de los Angeles, de 1979:

> *"O luxo de alguns poucos converte-se em insulto contra a miséria das grandes massas. Comprovamos, pois, como o mais devastador e humilhante flagelo a situação de pobreza desumana em que vivem milhões de latino-americanos e que se exprime, por exemplo, em mortalidade infantil, em falta de moradia adequada, em problemas de saúde, salários de fome, desemprego e subemprego, desnutrição, instabilidade no trabalho, migrações maciças, forçadas e sem proteção. Ao analisar mais a fundo tal situação, descobrimos que esta pobreza não é uma etapa casual, mas sim o produto de determinadas situações e estruturas econômicas, sociais e políticas, embora haja também outras causas da, miséria. A situação interna de nossos países encontra, em muitos casos, sua origem e apoio em mecanismos que, por estarem impregnados não de autêntico humanismo, mas de materialismo, produzem, em nível internacional, ricos cada vez mais ricos, às custas de pobres cada vez mais pobres".*

"A riqueza, quando é luxo, é um perigo. A pobreza, quando é miséria, é uma ameaça", afirma Orlando Gambi.

3.4. Frenética Corrida Tecnológica

Com a criação da Organização Internacional do Trabalho (OIT) em 1919, foram instituídas as primeiras normas que regulam o trabalho humano. Antes disso, não havia nenhuma legislação trabalhista que garantisse ao trabalhador um salário decente, férias, assistências médica e previdenciária. A CLT (Consolidação das Leis do Trabalho) foi implantada no Brasil em 1943.

3.4.1. Mudanças Radicais nas Relações de Trabalho

As conquistas do trabalhador estão sendo ameaçadas com a globalização econômica. A abertura, sem critérios, da economia acelerou a automação comercial e industrial, que trouxe profundas mudanças na relação entre empregado e empregador, provocou um elevado índice de desemprego. A privatização acelerada veio sucatear a indústria nacional. Muitas organizações, por não suportarem a feroz concorrência interna e externa, estão falindo ou sendo incorporadas pelas multinacionais. Por exemplo, um bem produzido no Brasil tem de ser vendido por um preço capaz de competir com o produto importado, ou seja, é comercializado por menos da metade do preço praticado há cinco anos. Assim, caiu o nível de lucro das empresas, embora o salário do trabalhador brasileiro seja um dos menores do mundo e os preços praticados em São Paulo superem, muitas vezes, os das grandes metrópoles como Nova York, Londres ou Paris.

A situação política, apesar dos progressos registrados com a superação dos regimes militares, é caracterizada por novas ameaças à democracia e pela ambigüidade como ela é exercida através de representantes eleitos, desligados dos interesses populares e, freqüentemente, envolvidos em escândalos de corrupção.

O poder econômico, organizado em empresas mais poderosas que muitos Estados nacionais, esvazia o poder político nacional ou o instrumentaliza em favor do interesse de poucos. Por outro lado, a economia corrompe os políticos e aumenta a desconfiança do povo, que se sente impotente face às grandes questões nacionais e se reduz à reivindicação de benefícios imediatos, numa atitude corporativista que tende a sacrificar ainda mais os pequenos e fracos. Em casos extremos, o povo desesperado recorre à violência para defender o que acredita ser seus direitos.

Grupos organizados recorrem ao terrorismo e a espúrias alianças com os comerciantes da droga. A falta de um *ethos* democrático enraizado, particularmente nas sociedades latino-americanas de origem colonial e tradicionalmente sujeitas ao autoritarismo político, é ulteriormente reforçada pelo uso inescrupuloso da informação e da comunicação social, à procura da manipulação da opinião pública, particularmente da massa menos instruída da população(24).

Considerando que a globalização é dirigida pelas puras leis do mercado aplicadas conforme a conveniência dos mais poderosos, as conseqüências só podem ser negativas. Tais são, por exemplo, a atribuição de um valor absoluto à economia, o desemprego, a diminuição e o deterioramento de alguns serviços públicos, a destruição do ambiente e da natureza, o aumento das diferenças entre ricos e pobres, a concorrência injusta que põe as nações pobres numa situação de inferioridade sempre mais acentuada[(25)].

3.4.2. Causas do Desemprego em Massa

A Conferência Nacional dos Bispos do Brasil – CNBB[(26)] apontou como principais causas do desemprego no Brasil a revolução tecnológica sem limites éticos e a financeirização do mundo com uma economia transnacional que não se baseia na compra e venda de serviços, mas na rápida circulação do dinheiro, usado para a especulação e não para a produção.

Com o elevado índice de automação, não encontra sustentação a afirmativa dos economistas de que o problema do desemprego só se resolve com a retomada do crescimento econômico. A Espanha, por exemplo, cresceu 93%, mas diminuiu o emprego. É, também, falso atribuir ao alto custo do trabalho o elevado índice de desemprego. Se comparado a outros países, a mão-de-obra brasileira é muito barata. Por exemplo, o custo da hora trabalhada na indústria brasileira é 2,68 dólares. Na Coréia, a mesma hora trabalhada custa 4,93 dólares; na Espanha, 11,63; nos EUA, 16,40; e na Alemanha, 24,67 dólares[(26)].

Estas são as verdadeiras causas do desemprego:

a) a subordinação do Brasil à economia mundial;

b) a abertura indiscriminada à concorrência externa e uma política econômica irreal, com juros altos e câmbio supervalorizado.

Ainda, de acordo com a CNBB, em São Paulo, de 1989 a 1996, a taxa de desemprego de jovens entre 15 e 19 anos subiu de 18,8% para 39,8%. Entre os jovens de 20 a 24 anos a taxa subiu de 9% para 19,7%. Com relação aos negros, em 1996 a taxa de desemprego era de 77%, para apenas 20% de brancos. O desemprego é visto como problema dos homens, mas a taxa de desemprego das mulheres é muito maior: é de 17,2% para 13,5% de homens. O desemprego traz conseqüências sociais e psicossociais muito graves como migrações desordenadas, desenraizamento cultural, crescimento da violência, traumas, depressão, perda de identidade e do sentido da vida. Isto sem contar o sentimento de culpa e de incapacidade, a desarmonia familiar que gera, a perda de vínculos sociais e até a separação de casais.

O crescente desemprego é um fenômeno mundial. De acordo com a Organização Mundial do Trabalho – OIT mais de um bilhão de pessoas no mundo não tem emprego ou está subempregada. De acordo com o IBGE, desde a implantação do Plano Real em julho de 1994, foram extintos um milhão de empregos formais. De 1994 a 1998, a taxa de desemprego dobrou, atingindo o nível mais alto desde o final do período militar. No mesmo quadriênio, a industria registrou um aumento de produtividade de 34%: é lógico creditá-lo mais às demissões do que à criatividade das empresas.

3.4.3. Minimizando o Impacto do Desemprego

Considerar o desemprego só um problema econômico é minimizar seu impacto negativo, revelando a lógica do sistema neoliberal, que coloca a economia acima de tudo, contaminando todo o mundo. Para o neoliberalismo, as demissões são um dos meios necessários para garantir a saúde do sistema produtivo: uma empresa não consegue enfrentar a concorrência, é ameaçada pelos juros altos, seu capital vai minguando... Uma solução fácil é cortar as vagas.

A medida, porém, não resolve o problema, porque o custo da hora trabalhada no Brasil é baixíssimo: em 1996, o salário mínimo correspondia a 0,93 dólares, contra 1,48 na Argentina e 4,58 nos EUA. Tomando um outro parâmetro, a participação dos salários no valor agregado da indústria brasileira, constata-se que ela é uma das mais baixas do mundo: 23%. No Panamá, é de 37%; na Índia, 38%; na Itália, 69% e 71% na Noruega. Isso significa que o peso da mão-de-obra no custo da produção, no Brasil, é muito leve e, por conseguinte, demitir para melhorar a produtividade é errado econômica e humanamente[(27)].

Há desempregados que caem em depressão ou em outros estados psicóticos, até o suicídio; em muitos casos, o desemprego tem uma clara correlação, também, com a doença física. A razão está no fato de que, nesta sociedade capitalista, o trabalho identifica-se com o emprego e é a fonte principal de sobrevivência, fonte de integração social, de identidade e do sentido de vida das pessoas. Neste contexto, quem perde o emprego pode também perder o sentido da vida, culpabiliza-se porque não encontra outro emprego, porque não consegue manter a família; o homem sente-se humilhado se só a mulher fica sustentando a família. Perde-se, em conseqüência, a harmonia dentro das paredes domésticas, chegando-se a casos de separação de casais(27).

O problema é muito complexo e as causas, múltiplas, variando também segundo países e regiões. Mas, atualmente, há uma série de causas que podem ser reduzidas a um denominador comum: a revolução tecnológica, que alguns decênios atrás gerou um forte aumento de empregos, mas agora é a responsável principal pela sua drástica redução.

A informática, que reúne a computação com a comunicação, aumentou a produção dependendo sempre menos da mão-de-obra, gerando um processo frenético de inovação, que condena à morte, por velhice precoce, os produtos que ontem eram novidade. Desse processo é vítima também o trabalhador, muitas vezes marginalizado e excluído porque não consegue reciclar-se. A isso, acrescente-se a desvalorização enorme das matérias-primas frente à introdução dos novos materiais: trinta e dois quilos de fibra ótica têm a capacidade de transmitir a mesma quantidade de mensagem que uma tonelada do velho fio de cobre. Isso significa fechamento ou redução drástica das minas de cobre com demissão em massa de trabalhadores. Dessa maneira, países que se baseavam, basicamente, na exportação de uma única matéria-prima, como Bolívia (estanho), Chile e Zaire (cobre) tiveram uma forte contração na sua economia, com dezenas de milhares de mineiros jogados na rua e fortes tensões sociais(27).

3.4.4. Desvalorização da Matéria-prima e da Mão-de-obra

Frente à desvalorização da matéria-prima e da mão-de-obra barata, assistimos à importância determinante do conhecimento no processo produtivo. As novas tecnologias exigem capacidade para usar os meios técnicos, contínua requalificação para acompanhar as transformações incessantes, conhecimento de línguas, sólida base cultural, sobretudo matemática. O valor real de uma empresa e de um produto depende basicamente das idéias, informações na cabeça dos técnicos e nos bancos de dados. Isso, evidentemente, gera uma seleção, que penaliza quem não tem esses conhecimentos.

Também na agricultura, que no Brasil privilegiou o modelo agroexportador de alta tecnologia, e quem pagou o preço mais alto foi o trabalhador, obrigado a migrar para a cidade na ilusão de encontrar uma vaga num mercado que já fechou suas portas.

Um fenômeno que vai crescendo cada vez mais é a financeirização do mundo, que significa a circulação rápida e sem barreiras do capital, que aumenta através de operações financeiras parasitárias, que não produzem quase nada em bens e serviços e reduzem muitos postos de trabalho. O capital é cego e não obedece a nenhuma lei, domina a política, dita as regras de comportamento das empresas e dos Estados, ignorando as exigências sociais das nações. Tudo isso incide na organização das empresas, obrigadas a se reestruturar radicalmente: é a chamada "reengenharia das empresas". Este processo provoca uma redução pesada de vagas (de 40% a 75%) numa empresa e de emprego regular, dando preferência ao trabalho em tempo parcial, temporário ou subcontratado(27).

Para fazer frente a essa situação dramática, são lançadas várias propostas: crescimento econômico, ou sua redução, flexibilização das relações de trabalho. Elas têm boas intenções, mas ficam dentro da lógica do sistema que gera o mal que querem combater. O problema não é aumentar ou diminuir a produtividade, mas redistribuir seus benefícios.

3.4.5. Economia Solidária: Alternativa ao Capitalismo

Outras propostas vão na direção da solidariedade. Os economistas clássicos torcem o nariz diante disso, mas, atualmente, há toda uma corrente de estudiosos que vê na economia solidária (veja mais detalhadamente o capítulo que aborda a Economia de Comunhão) uma alternativa ao capitalismo. Neste contexto, são valorizadas as pequenas empresas. Dizia Herbert de Souza (o Betinho): *"A microempresa é uma solução política, porque tem a dimensão da possibilidade humana. A prova disso é que, de cada dez empregos criados no Brasil, seis são oriundos do setor. Não se trata de tornar grande a microempresa, mas de fazer milhares por todo o planeta".* E de criar uma rede de cooperação e de intercâmbio entre elas.

O modelo capitalista do trabalho como emprego dentro do mecanismo trabalho-produção-salário está em crise; isso, porém, não significa uma crise do trabalho em si. A economia vem reconhecendo hoje um "Terceiro Setor" ao lado do mercado e do Estado, como gerador de trabalho: o trabalho familiar; o trabalho social (doentes, idosos, prisioneiros, deficientes); o trabalho ecológico (preservação da natureza e do meio ambiente). Como se vê, não falta trabalho na nossa sociedade. *"É preciso, porém, encontrar meios e caminhos para financiá-lo, redistribuindo a riqueza social."*

As novas ocupações enquadradas no Terceiro Setor indicam que a sociedade pode tornar-se mais humana e mais capaz no futuro, à medida que valoriza, inclusive financeiramente, independente do trabalho assalariado, as oportunidades de sustento seguro, os contatos sociais e de desenvolvimento pessoal"[28]. Portanto, só uma sociedade baseada na solidariedade, na participação e na comunhão tem futuro.

Assim, afirma o professor Amartya Sen, Prêmio Nobel de Economia em 1998[29]:

"Não é o progresso econômico que abre as portas de uma sociedade para a liberdade. Esta é a que lança os alicerces duráveis da prosperidade, sobre uma base de justiça, para o conjunto dos cidadãos. De nada serve uma excelente política econômica modernizadora se, numa dada sociedade, não existir uma informação livre que permita permanente vigilância do funcionamento dos mercados e a denúncia dos abusos, e um sistema judicial independente, ao qual possam recorrer em busca de reparação e desagravo os que se considerem vítimas, e que dirima imparcialmente as disputas e divergências inevitáveis causadas pela concorrência".

E, neste início do terceiro milênio, como anda a evolução da Ciência e da Técnica? Assim visualizamos essa evolução, aqui representada graficamente:

Evolução da Ciência e da Técnica

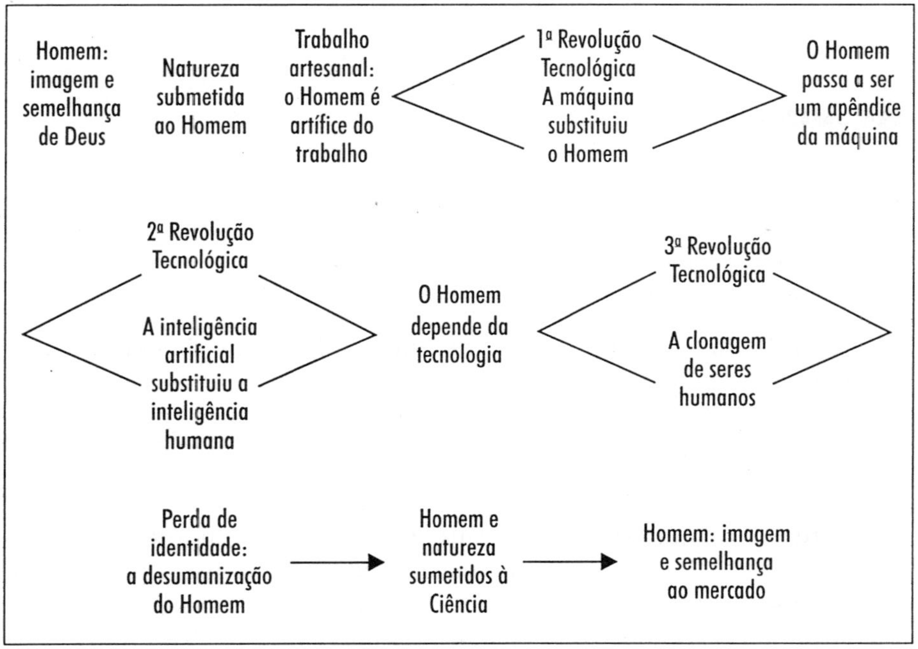
Homem: imagem e semelhança de Deus
Natureza submetida ao Homem
Trabalho artesanal: o Homem é artífice do trabalho
1ª Revolução Tecnológica A máquina substituiu o Homem
O Homem passa a ser um apêndice da máquina
2ª Revolução Tecnológica
A inteligência artificial substituiu a inteligência humana
O Homem depende da tecnologia
3ª Revolução Tecnológica
A clonagem de seres humanos
Perda de identidade: a desumanização do Homem
Homem e natureza sumetidos à Ciência
Homem: imagem e semelhança ao mercado

Lembre-se: "*O desenvolvimento é o novo nome da paz... e, por encontrar-se impregnados não de autêntico humanismo, mas de materialismo, produz em nível internacional ricos cada vez mais ricos à custa de pobres cada vez mais pobres. Não existe regra econômica capaz de mudar por si mesma estes mecanismos. Deve-se apelar, na vida internacional, aos princípios da ética, às exigências da justiça, ao mandamento primeiro, que é o do amor. Deve-se dar primazia à moral, ao espiritual, ao que nasce da verdade plena, sobre o homem*".[30]

Resumo

A palavra trabalho indica toda a atividade consciente e social realizada pelo homem, tanto manual como intelectual, visando a transformar o meio em que habita, segundo suas próprias necessidades.

O trabalho constitui uma dimensão fundamental da existência do homem sobre a terra. A expressão trabalho indica toda a atividade consciente e social realizada pelo homem, tanto manual como intelectual, visando a transformar o meio em que habita, segundo suas próprias necessidades.

Outra característica que distingue o trabalho humano da atividade dos animais é a utilização de instrumentos. Mas, por fazer parte do movimento de trocas, o trabalho recebe o nome de emprego, que é uma visão reducionista imposta pela sociedade capitalista. No entanto, em sentido mais amplo, trabalho corresponde a criação de uma obra.

Com o progresso da técnica e da ciência, muitas atividades humanas foram mecanizadas, passando a vigorar assim a lei do mais forte, sem a intervenção do Estado. Com o advento da Revolução Industrial e o manifesto comunista que incita a sociedade a promover a igualdade social através da luta de classes, surge em 1981 a *Rerum Novarum*, o primeiro documento teológico que busca consolidar na Doutrina Social da Igreja os principais pontos geradores de conflitos entre capital e trabalho.

A Doutrina Social da Igreja é um conjunto de orientações doutrinárias e critérios de ação para promover o homem. Ela não propõe um modelo político ou econômico concreto, mas indica caminhos, apresenta princípios para a construção de uma sociedade mais justa e fraterna.

O capitalismo, ao reduzir o trabalho humano ao emprego, tornou quase impossível outro tipo de trabalho. O fruto disso, hoje, é a exclusão social do homem, considerando que o desemprego é a marca da sociedade industrial. Por esta razão, o direito a um trabalho digno ocupa um lugar de destaque na Doutrina Social da Igreja.

Como o capital depende do trabalho, o trabalho também depende do capital. Separar o capital do trabalho seria como que tentar separar o corpo da alma. Assim sendo, não se pode contrapor o trabalho ao capital e nem o capital ao trabalho. O erro do economismo foi considerar o trabalho humano segundo a sua finalidade econômica.

A antinomia entre o trabalho e o capital tem a sua origem na desenfreada industrialização que buscava, em primeiro lugar, a possibilidade de multiplicar as riquezas materiais, isto é, os meios perdendo de vista o fim, quer dizer o homem, a quem tais meios devem servir. É inaceitável a posição do capitalismo radical que defende o direito exclusivo da propriedade privada dos meios de produção, como um dogma intocável na vida econômica.

Frente à desvalorização da matéria-prima e da mão-de-obra barata, assistimos à importância determinante do conhecimento no processo produtivo. Para fazer frente a essa situação dramática estão surgindo alternativas ao capitalismo, através da microempresa, da economia solidária e da economia de comunhão.

Referências Bibliográficas

1. MENEGASSO, Maria Ester. *O Declínio do Emprego e a Ascensão da Empregabilidade: Um protótipo para promover condições de Empregabilidade na empresa pública do setor bancário.* Tese de Doutoramento – UFSC, 1998.

2. JOÃO PAULO II, Papa. *Carta Encíclica Laborem Exercens.* São Paulo: Paulinas, pp. 6-18, 1991.

3. CNBB. *CF – 1999 – Sem trabalho... por quê?*

4. JOÃO PAULO II, Papa. *Carta Encíclica Laborem Exercens.* São Paulo: Paulinas, p. 20, item 5, 1991.

5. CONCÍLIO ECUMÊNICO VATICANO II. *Constituição Pastoral Gaudium et Spes.* São Paulo: Paulinas, p. 565, item 67, 1967.

6. JOÃO XXIII, Papa. *Carta encíclica Mater et Magistra,* nº 70.

7. Ibidem, nº 71.

8. JOÃO PAULO II, Papa. *Carta Encíclica Laborem Exercens.* São Paulo: Paulinas, item 4, 1991.

9. LEÃO XIII, Papa. *Encíclica Rerum Novarum.* São Paulo: Paulinas, 1965.

10. JOÃO PAULO II, Papa. *Carta Encíclica Laborem Exercens.* São Paulo: Paulinas, item 20, 1991.

11. CF – VERÍSSIMO, Luis Fernando. *O parâmetro humano* – Encerramento do Forum Mundial Social, 2001: 30/1/2001 – O Fórum Social Mundial insere-se no processo de mobilizações críticas ao neoliberalismo e às políticas elitistas do FMI e do Banco Mundial, iniciado em 1998 contra o Acordo Multilateral de Investimentos

(AMI), e que teve continuidade, a partir de 1999, em Seattle (reunião da Organização Mundial do Comércio), Washington (FMI), Praga (FMI e Banco Mundial) e Nice (Comunidade Européia).

12. PROVÍNCIA ECLESIÁSTICA DE ALAGOAS. *O Caminho: Síntese da Doutrina Cristã para Adultos*. 15ª ed. Loyola, p. 371, 1995.

13. Ibidem – p. 372

14. JOÃO PAULO II, Papa. *Carta Encíclica Laborem Exercens*. São Paulo: Paulinas – p. 25, item 7, 1991.

15. Ibidem, item 7, p. 26.

16. CNBB. *CF – 1999 – Sem trabalho... por quê?* p. 4.

17. Ibidem, p. 5.

18. JOÃO PAULO II, Papa. *Ecclesia in America*, nº 201, 1999.

19. JOÃO PAULO II, Papa. *Carta Encíclica Laborem Exercens*. São Paulo: Paulinas, pp. 30-31, 1991.

20. Ibidem, pp. 33-34.

21. Ibidem, pp. 35-36.

22. Ibidem, p. 40.

23. ARQUIDIOCESE DE SÃO PAULO.

Disponível na internet em: www.arquidiocese.sp.org.br/curiosidades/2001_04_historia_dia_trabalhador.htm. Acessado em 30/8/2001.

24. *O BRASIL E O SÍNODO PARA A AMÉRICA* – 3. *As mudanças na sociedade como desafios pastorais*. Disponível na internet em: http://www.cnbb.org.br/estudos/sinamjo3.html. Acessado em 10/8/2001.

25. JOÃO PAULO II, Papa. *Ecclesia in America*, nº 55, 1999.

26. CNBB. *CF – 1999 – Sem trabalho... por quê?* – item 99.

27. DONEGANA, Costanzo. *Periódico Mundo e Missão – Falta emprego, não trabalho*. Ano 6, nº 31, pp.14 -15, janeiro a fevereiro , 1999.

28. CNBB. *CF – 1999 – Sem trabalho... por quê?* Item 104 e ss

29. SEN, Amartya Kumar. *Desenvolvimento como Liberdade*. São Paulo: Companhia das Letras, 2000.

30. III CONFERÊNCIA GERAL DO EPISCOPADO LATINO-AMERICANO. México: Puebla de los Angeles, 1979.

3

Tendências e Perspectivas da Administração

"Não aceite suborno, porque o suborno cega quem tem os olhos abertos, e pervete até a palavra dos justos."

Ex 23,8

Introdução

Objetivos deste capítulo:

1) mostrar o caráter imoral do Neoliberalismo e os diferentes recursos utilizados para a manutenção de modelos econômicos neoliberais;

2) mostrar o que é e como surgiu a globalização econômica e os efeitos perversos que ela causa ao homem;

3) apresentar a globalização sob o enfoque da Teologia;

4) apresentar as principais características e peculiaridades que tornam a cultura japonesa única e singular, principalmente no que diz respeito ao comportamento administrativo;

5) apresentar a administração como uma resposta às necessidades coletivas, bem como as conseqüências provenientes da falta de administradores profissionais;

6) mostrar o que é necessário para o indivíduo tornar-se um administrador de sucesso no atual cenário em transformação.

1. Doutrina Imoral do Neoliberalismo

Em um interessante trabalho, Euclides André Mance[1] formula quatro teses sobre a rejeição ao neoliberalismo, classificando-o como imoral. Estes são seus principais argumentos:

1) não garante equânimes condições objetivas para o exercício da liberdade de todos os indivíduos nas sociedades em que se implanta, sendo um projeto político excludente que favorece a realização ampla da liberdade da minoria de uma dada sociedade em detrimento do exercício objetivo da liberdade da maioria;
2) é uma concepção de mundo imoral em que usar e descartar pessoas em função de vantagens privadas torna-se, no limite, o lema principal;
3) propaga uma ilusão, pois é impossível historicamente atingir os fins que propõe com os meios que preconiza, uma vez que estabelece um modelo formal de concorrência ideal impossível de ser realizado;
4) é um modelo econômico incapaz de enfrentar a crise do trabalho no sistema de produção de mercadorias da atual economia globalizada.

O surgimento do Fórum Social Mundial – FSM[2], evento de abrangência internacional, marcou uma nova etapa na luta contra a submissão do ser humano aos interesses do capital. O FSM é um espaço plural e diversificado, não confessional, não governamental e não partidário para debater idéias, trocar experiências e articular ações voltadas para a construção de uma sociedade centrada no ser humano.

Estas são as intenções do FSM: criar propostas alternativas para uma globalização solidária, respeitando os direitos da pessoa humana e o meio ambiente; assumir a democracia como caminho único para resolver politicamente os problemas da sociedade; condenar todas as formas de dominação e de sujeição de um ser humano pelo outro; estimular a reflexão sobre possíveis ações de resistência e superação da dominação dos países mais forte sobre os mais fracos; criar novas articulações nacionais e internacionais entre entidades e movimentos da sociedade civil que aumentem a capacidade de resistência social contra a desumanização, bem como estimular iniciativas humanizadoras.

2. Globalização

A globalização é o capitalismo financeiro que mais está colocando as novas tecnologias a serviço dos seus objetivos. São as novas tecnologias que possibilitam a globalização dos mercados. É por aí que se explicam os grandes fluxos financeiros diários, aplicados em grande maioria na especulação. Segundo cálculos de economistas, diariamente são feitas aplicações nos mercados mundiais, na ordem de um trilhão e novecentos bilhões de dólares. Desses, só cinco por cento são efetivamente para pagamento de mercadorias e de serviços. Noventa e cinco por cento são aplicações com finalidade especulativa. As novas tecnologias reforçam o caráter especulativo do capitalismo financeiro.

Esta é uma das razões dos críticos acusarem-na – a globalização – de ser responsável pela intensificação da exclusão social (com o aumento do número de pobres e de desempregados) e de provocar crises econômicas sucessivas, arruinando milhares de poupadores e de pequenos empreendimentos.

2.1. Origem da Globalização

De acordo com James A. F. Stoner e R. Edward Freeman, devido ao aumento na competição internacional, o governo representou um papel cada vez mais ativo no mercado do pós-guerra (Segunda Guerra Mundial). Nos Estados Unidos, esse papel se cristalizou quando o governo federal salvou a *Chrysler Corporation* em 1980, garantindo os empréstimos que a empresa havia tomado. Pouco depois, eximiu vários fabricantes de computadores de leis antitruste, para que os mesmos pudessem realizar "pesquisa e desenvolvimento" em conjunto e aumentar a sua capacidade de competir com os japoneses(3).

No governo do presidente Reagan, "uma grande reforma" tributária levou a um enorme fluxo de capital de risco para dentro da economia. Por outras palavras, Reagan promoveu a liberalização do mercado de capitais, desregulamentando-o e permitindo a flutuação de capitais, ao sabor da especulação financeira internacional(3). A relativa vitória do liberalismo após a queda do comunismo é patente, desde o presidente Reagan e Mrs Thatcher: desregulamentação dos preços, abertura das fronteiras para tornar os mercados mais fluidos, privatizações contra os abusos dos empecilhos criados pelas administrações públicas e autarquias.

A administração Reagan também favoreceu bastante as empresas americanas em relação às suas competidoras internacionais na concessão de contratos que envolvessem defesa nacional(3).

A expressão "globalização" tem sido utilizada mais recentemente num sentido marcadamente ideológico, no qual assiste-se no mundo inteiro a um processo de integração econômica sob a égide do neoliberalismo, caracterizado pelo predomínio dos interesses financeiros, pela desregulamentação dos mercados, pelas privatizações das empresas estatais, e pelo abandono do estado de bem-estar social. Daí, "ser justo de um sistema injusto exige heroísmo".

A globalização é marcada pela expansão mundial das grandes corporações internacionais. Essas corporações exercem um papel decisivo na economia mundial. Segundo pesquisa do Núcleo de Estudos Estratégicos da Universidade de São Paulo, em 1994 as maiores empresas do mundo (Mitsubishi, Mitsui, Sumitomo, General Motors, Marubeni, Ford, Exxon, Nissho e Shell) obtêm um faturamento de 1,4 trilhão de dólares. Esse valor eqüivale à soma dos PIBs de países como Brasil, México, Argentina, Chile, Colômbia, Peru, Uruguai, Venezuela e Nova Zelândia.

No passado, quem fazia as grandes decisões econômicas eram os governos. Agora são as empresas e estão decidindo basicamente o quê, como, quando e onde produzir os bens e serviços utilizados pelos seres humanos. Para conseguir preços melhores e qualidade de mais alta tecnologia em sua guerra contra os concorrentes, as empresas cortaram custos. Isto é, empregos, e ainda aumentaram muito os seus índices de automação, liquidando mais postos de trabalho. Mas, por cortar o emprego das pessoas e sua renda, não terão para quem vender seus produtos. Segundo Hugo Chaves, presidente da Venezuela: *"A globalização é uma camisa de força que engessa a economia"*.

De acordo com Wolfensohn(4), presidente do Banco Mundial, a crescente brecha entre ricos e pobres poderia desestabilizar o mundo. Disse ele na oportunidade que: *"Uma das coisas que pode desestabilizar os países desenvolvidos é a inquietação social no mundo, e os números são tão contundentes que esse é um risco real"*.

François Chesnais(5), um dos maiores estudiosos da globalização, membro do conselho científico da Attac (Ação pela Tributação das Transações Financeiras em Apoio aos Cidadãos) e autor da obra *Tobin or not Tobin*, é um dos defensores da *taxação das transações financeiras internacionais*, proposta pelo americano James Tobin, Nobel de Economia, que conquista mais e mais adeptos no mundo. O dinheiro do imposto, batizado de Tobin, seria destinado a programas de combate à pobreza.

Em palestra proferida no Brasil, Chesnais afirmou que, embora o capitalismo viva a fase de contração, e não de expansão, não se pode falar em crise efetiva do sistema sem *"um projeto capaz de enfrentá-lo". Este projeto seria "a sociedade solidária, um sistema social alternativo baseado na obra coletiva, com a organização do povo em formas radicais de resistência"*.

No livro *Tobin or not Tobin*, Chesnais demonstra que a globalização financeira não é o resultado "natural" da ação das forças econômicas, e sim um "produto de decisões políticas conscientemente adotadas para eliminar direitos sociais e concentrar riquezas". Uma destas decisões, "a elevação brutal dos juros pagos aos credores da dívida pública", é o "instrumento essencial usado pelos grandes grupos econômicos para impor medidas como o desmantelamento dos serviços públicos e sua privatização". Mas Chesnais é otimista. *"O que foi feito pela política pode ser alterado por ela"*, diz. *"O tributo Tobin é apenas a primeira medida, para estabelecer o controle social sobre os mercados."*

2.2. Sátiras à Globalização

Frei Betto[6] satiriza, de forma muito inteligente, a globalização fazendo uma interessante contraposição, usando duas figuras opostas: a solidariedade, que ele a denomina de *aldeia local* contra a globalização econômica – o egoísmo/individualismo – denominado de *aldeia global*. O texto foi fragmentado em uma tabela para melhor visualização e compreensão do assunto.

Na aldeia local/solidariedade	Na aldeia global/egoísmo/individualismo
O tempo fluía ao ritmo das estações do ano, do plantio e da colheita, das efemérides do calendário.	O tempo ganha ponteiros de minutos e segundos, e corre tão surpreendentemente quanto um enfarte.
A paisagem, através da janela de casa, mudava a cada dez ou 20 anos.	A paisagem se modifica, na janela eletrônica, da TV a cada dez ou 20 segundos.
Os rios estufavam de peixes e as águas límpidas asseguravam saúde.	Os rios, entupidos de lixo, transbordam doenças e exalam mal cheiro.
Tudo se sabia nas vizinhanças da aldeia local. E pouca informação havia do que se passava além de seus limites.	Nada se sabe do vizinho de porta, mas fica-se a par de quase tudo que ocorre no mundo.
O sino da igreja mobilizava a comunidade para rezas e féretros, romarias e festas.	Agora, são os indicadores financeiros que prenunciam a alegria ou a tristeza das pessoas.
Havia fé em Deus na aldeia local.	Na aldeia global, venera-se com fé e esperança a bolsa de valores.
Todos mantinham entre si relações de parentesco e afeto.	Predominam relações de negócios e interesses.
Os sábios eram ouvidos.	Os oráculos da mídia parecem não ter o que dizer ou falam o que muitos não entendem.
As pessoas olhavam-se nos olhos ao se comunicar.	A comunicação digital esconde rostos e camufla sentimentos.
Amai-vos uns aos outros.	Armai-vos uns aos outros.
As vias públicas eram espaços de relações humanas, breves colóquios, flertes, rodas de discussões esportivas ou políticas.	Ruas e avenidas assustam os pedestres, são palcos de violências e engendram insegurança.

Na aldeia local/solidariedade	Na aldeia global/egoísmo/individualismo
A cultura autóctone conferia-lhe identidade.	Agora os enlatados mundializam o entretenimento medíocre.
Os utensílios eram feitos por artesãos e artistas.	Tudo é enfadonhamente igual e repetitivo, graças à produção em série da indústria.
As vacas tinham nome.	Já não se distingue a carne de primeira da de terceira e um hambúrguer de pelancas prensadas faz o mesmo efeito no pão com gosto de isopor.
Os professores eram venerados.	Nem sequer são pagos e, por vezes, são assassinados pelos próprios alunos.
Os doentes eram cercados de atenção e carinho.	São extorquidos pelos planos de saúde, humilhados pelo poder público e ignorados, pois as pessoas não dispõem de tempo senão para si mesmas.
A vida abria espaço para o ócio.	Agora o ócio é luxo e até o lazer é comercializado.
Os valores instauravam tradição.	Os valores são meramente financeiros.
Viam-se as montanhas ou o mar.	Agora, o horizonte é um quadro na parede.
A noite era acolhedora.	A noite é assustadora.
Os pobres eram socorridos.	Os pobres são excluídos.
Havia solidariedade.	Reina a competitividade.
Kant elaborou uma obra imprescindível.	Interniza-se a cultura em informações fragmentadas e o saber é tão sólido e duradouro quanto um sorvete.
As pessoas descobriam sua vocação e sonhavam com uma profissão.	É uma bênção ter um simples emprego.
Muitos se destacavam pelo que traziam dentro de si: valores, conhecimentos, crenças.	Basta ostentar grifes e posses, malgrado a indigência espiritual.
Ninguém imaginava que, um dia, o mundo se transformaria, todo ele, numa aldeia global.	Agora a nova aldeia pode ser vítima de sua capacidade de ultrapassar tempo e espaço se não souber acrescer às inovações tecnológicas uma boa dose de humanismo.
Há o risco de toda essa proximidade de seres e fatos ser apenas virtual.	E, na esfera do real, aprofundar-se a solidão das pessoas e a sua distância em relação aos outros, à natureza, a Deus, a si mesmas.

Adaptado do artigo de Frei Betto – Aldeias – *O Estado de São Paulo*, 23/09/98.

3. Singularidade da Cultura Japonesa

Uma das culturas que mais tem chamado a atenção dos cientistas da administração é a cultura japonesa, pela sua singularidade ímpar. Então, como explicar a rápida recuperação econômica do Japão e a sua atual posição de superpotência, logo após o término da Segunda Grande Guerra Mundial?

Segundo Boye Lafayette De Mente(7), muito se tem que aprender sobre a paciência, a perseverança, o cooperativismo e a eficiência desses obstinados orientais, levando em consideração tratar-se de um país constituído de uma pequena cadeia de ilhas, quase sem recursos naturais.

De Mente acredita que a resposta a este quebra-cabeça está na aculturação peculiar e nas técnicas de treinamento chamadas *shikata* – ou *kata*, quando usado em termos compostos –, desenvolvidas e usadas pelos japoneses através dos séculos. Segundo ele, *Shikata* é uma das palavras mais usadas e mais importantes do idioma japonês. Significa "a maneira de fazer as coisas", com ênfase especial na forma e na ordem do processo. O significado da raiz *shi* é uma combinação de "apoiar" e "servir", no sentido de um inferior apoiando e servindo um superior. *Kata*, por si, é normalmente traduzida como "forma". Na verdade, praticamente não existe uma área, no pensamento ou no comportamento dos japoneses, que não seja diretamente influenciada por uma ou mais *kata*.

Os japoneses se sentem mais felizes quando aprimoram um processo, diz o guru de administração Masaru Chio. "*Eles são perfeccionistas. O menor defeito em qualquer coisa lhes atrai a atenção e eles não descansam enquanto não eliminá-lo*", acrescenta.

Em razão dessa atitude, existe uma forte tendência dos japoneses para tentar elevar o nível de qualquer tarefa que assumam, particularmente quando usam tecnologia ou copiam produtos importados do exterior. Muitas vezes, eles parecem dedicar tanto ou mais tempo em processos de aprimoramento do que produzindo resultados. Mas, quando os aperfeiçoamentos são alcançados, passam a atuar com grande desenvoltura.

No Japão moderno, a estrita observância de cada uma das tradicionais *kata* já não é uma questão de vida e morte, e algumas *kata* até já nem existem. Contudo, outras ainda são de vital importância, influenciando e, muitas vezes, controlando pensamentos e ações de, virtualmente, todos os japoneses adultos, em muitas áreas de suas vidas. Conforme notícia publicada pela Folha de S. Paulo de 24/7/2002, em 2001, o número de japoneses que se mataram devido a preocupações com dívidas e com o desemprego teve um leve aumento em 2001. Os japoneses geralmente utilizam-se do suicídio para escapar da vergonha e para poupar aqueles que amam de um prejuízo financeiro. O suicídio não é tido como um tabu no Japão.

Demonstrativo das Diferenças Culturais entre o Oriente e o Ocidente

Cultura Oriental	Cultura Ocidental
Os japoneses negociam ajustando-se ou adaptando-se às diferenças.	Os ocidentais negociam selecionando opções específicas.
Os japoneses adotam uma atitude ampla, flexível.	Os ocidentais costumam adotar uma atitude mais estreita, perfeitamente definida.
Os japoneses buscam generalidades , não-específicas que levam em conta os matizes entre as específicas.	Os ocidentais exigem uma estrutura lógica constituída de conceitos específicos e seus opostos.
Administrar sem dar ordens diretas. É criar um clima em que os funcionários, individualmente, saibam o que devem fazer. O sistema visa a evitar que se destaque indivíduos, a fragmentar a responsabilidade.	Administrar dando ordens diretas.
Criar um clima em que a contribuição de cada um transcenda o objetivo de apenas cumprir a tarefa.	O objetivo é cumprir tarefas.
Os japoneses, por sua vez, tipicamente, absorvem tudo o que está no ar e nada dão em troca. É da natureza dos japoneses absorver a mensagem e repudiar o mensageiro.	Parecem ter uma acentuada compulsão por preencher cada vazio de silêncio – falando, falando, falando, contando tudo.
Quase sempre, são necessárias várias reuniões com executivos japoneses, normalmente com intervalos de semanas entre elas, para se conseguir algum tipo de resultado.	Com apenas um ou dois telefonemas, o empresário consegue algum resultado.
Os japoneses foram condicionados a esperar que todos, membros do grupo ou não, sigam a cadeia de comando prescrita em todos os relacionamentos.	A cadeia de comando nem sempre é respeitada, sob a justificativa de usar a autoridade funcional.

Cultura Oriental	Cultura Ocidental
As pessoas que mais se destacam – aquelas que parecem ser os líderes – geralmente têm uma autoridade limitada e, muitas vezes, poder algum.	As pessoas que mais se destacam são aquelas que têm poder de comando.
Os negócios têm de começar numa base pessoa-a-pessoa, o que significa que têm de ser estabelecidas relações pessoais e humanas, com os funcionários certos para o caso, antes que possa ocorrer qualquer tipo de transação.	Os negócios entre companhias não são feitos numa simples base companhia-a-companhia.
São condicionados a raciocinar no que pode ser descrito como termos evasivos holísticos. Podem parecer irracionais, mas, na realidade, a maneira japonesa de pensar e de agir é bem mais racional e mais lógica do que a ocidental, porque o enfoque é mais abrangente, por levar em consideração, também, fatores ilógicos e contraditórios.	Têm um pensamento racional direto e objetivo.
O desenho como expressão cultural.	O desenho como responsabilidade profissional.
A produção como sentimento religioso.	A produção como meta a cumprir.
A embalagem pode ser tão importante quanto o produto, do mesmo modo como a apresentação dos alimentos tem tanta importância quanto seu sabor.	O mais importante é o produto. A embalagem é secundária.

Adaptado de Boye Lafayette De Mente. *A Arma Secreta do Japão: O Fator Kata.*

"No Japão, o estresse é representado pela expressão *Karoshi*, definida como *morte súbita por ataque cardíaco ou derrame cerebral, desencadeado por excesso de trabalho*. Os trabalhadores japoneses são tão comprometidos com suas organizações e com o sucesso que eles trabalham de maneira extremamente dura, experimentando altos níveis de estresse. Estima-se que 10.000 mortes resultam anualmene do *Karoshi*. E ainda durante anos, as mortes relacionadas ao estresse por excesso de trabalho foram vistas como um problema de trabalhadores operários, e não de trabalhadores de escritório.

Em 1992, a viúva de um trabalhador de escritório ganhou um processo, ao comprovar que seu marido de fato morrera como resultado do *Karoshi*. A jurisprudência permitiu à viúva receber a remuneração anual do trabalhador, abrindo, assim, um precedente para indenizações similares para os sobreviventes de outros casos de *Karoshi*. Como conseqüência, algumas empresas, como a Mitsuy & Co., a Matsushita Electric Industrial e a Nippon Telegraph & Telephone Corporation, estão adotando ações para melhorar as condições dos trabalhadores de escritório, ampliando o período de férias, iniciando programas de exercícios e meditação e avaliando os gerentes na eficiência com que alocam as horas extras. As empresas também estão estimulando os trabalhadores a manterem estilos de vida saudáveis e a realmente utilizarem-se do período de férias"(8).

4. Administração: uma Necessidade Social

A Administração torna-se uma necessidade social básica, a partir do momento em que o homem surge, em primeiro lugar, como o elemento central na dinâmica organizacional, e, em segundo lugar, quando seu desempenho estiver comprometido com a utilização responsável da ciência e da tecnologia na exploração dos limitados recursos do ecossistema, à luz da ética. Esta nova visão da administração aqui abordada será examinada sob dois aspectos fundamentais: 1º) os paradigmas indesejáveis da administração, e 2º) as características peculiares da carreira profissional em administração.

4.1. Paradigmas Indesejáveis da Administração

A esperteza e a incompetência são os paradigmas perniciosos que mais se destacam nas organizações. Passaremos a analisar cada um desses paradigmas e suas implicações na administração.

4.1.1. A Esperteza Corrompendo a Administração

Quase nunca vemos as coisas como elas são. Em geral as vemos da forma como os espertos querem que a vejamos, afirma Ivo Storniolo. A esperteza nada mais é do que a má aplicação da inteligência. Considerando que, para muitos, ser realista é ganhar dinheiro... nada mais, a esperteza é a inteligência dos medíocres, uma vez que a falta de escrúpulos é a mão da prosperidade.

O processo perverso de riqueza e de poder que arruína a pessoa e a sociedade começa com a má aplicação da inteligência na organização. O quadro a seguir mostra com mais clareza esse processo abominável de enriquecimento ilícito.

Tudo começa com a má aplicação da inteligência na organização → Que se transforma em esperteza → Que, através da injustiça e da desonestidade → Consegue *lucro* (que nada mais é do que um roubo) →

É o início da bola de neve → Que gera a acumulaçao do lucro → Que transforma-se em CAPITAL (ou riqueza) → Que é o somatório de todos os roubos →

E assim a riqueza compra o *poder* → Que multiplica a violência e a opressão e rico patrão → Que levas as pessoas a se curvarem diante do poderoso (todo-poderoso) → Que começa a considerar-se onipotente →

No auge da alienação profere a blasfêmia (e mortes) → Tudo o que se constrói sobre a mentira virá abaixo através da verdade → Que mais cedo ou mais tarde se revela

A corrupção na Administração é um dos fatores responsáveis pelo desequilíbrio comportamental nas organizações. É um câncer que não permite à administração cumprir seu verdadeiro papel na sociedade, qual seja, o de atender aos anseios, às expectativas e aos objetivos do homem e da sociedade. Como há pouco demonstrado, a corrupção está diretamente associada ao enriquecimento ilícito. É a ganância do TER a qualquer custo. É a liderança predatória voltada para os interesses de um pequeno grupo. Basta examinar com atenção e discernimento os fatos diariamente divulgados pela mídia. Para nossa reflexão, basta citar apenas este exemplo:

> *Kim Woo Choong*[(9)]*, fundador do conglomerado Daewoo, um império de 24 empresas e 320.000 funcionários em 110 países, que fabrica de carros e navios a televisores e chips de computador, fugiu depois de aplicar megagolpe. Acusado de suborno, de apropriação indébita de 20 bilhões de dólares e da maior fraude contábil de que se tem notícia, Kim sumiu, sem deixar rastro, e a Daewoo faliu.*

4.1.2. A Incompetência na Administração

A falta de tempo é a desculpa para a falta de método.

A improvisação e o uso excessivo do expediente de URGÊNCIA URGENTÍSSIMA são fortes indícios da existência da incompetência administrativa. Geralmente, a incompetência administrativa é oriunda de total falta de planejamento, conseqüentemente, da falta de objetivos claramente definidos. Logo, as decisões administrativas geralmente são tomadas ao ocaso, precipitadas, sem nenhum critério ou método administrativo-operacional, e, muitas vezes, de forma individualista.

Um jornal de Boston[10] publicou um artigo analisando os motivos que levaram um novo edifício da administração municipal, orçado inicialmente em cinco milhões de dólares, acabar custando trinta milhões e só ter sido terminado quatro anos depois do prazo de construção previsto. Os leitores que estavam esperando mais uma revelação de corrupção política ficaram desapontados. O artigo revelou, com detalhes convincentes, uma longa seqüência de erros, omissões, duplicidades e pontos de estrangulamento que provocaram confusão, desperdício e atrasos.

Embora não afirmasse que não houvera corrupção, o artigo enfatizou que o custo excessivo e o grande atraso tinham sido causados pelo mau planejamento do projeto e por uma falta quase total de coordenação entre arquitetos, engenheiros, empreiteiras e funcionários públicos. Convém sempre lembrar deste provérbio: *"Administração é uma ciência, mas administrar é uma arte"*.

4.2. Administrador Profissional[11]

Nas organizações complexas, torna-se necessário distinguir duas importantes figuras: a do especialista-técnico e a do "executivo" (ou administrador profissional). O primeiro é a pessoa que desenvolve as funções técnico-profissionais e possui conhecimentos e capacidades específicas num certo campo de atividades, com a finalidade de dar respostas às exigências requeridas pelo usuário (ou cliente).

O "executivo" (ou administrador profissional) é aquele que, tomando decisões relativas ao funcionamento de uma organização, *"cria condições"* a fim de que os especialistas técnicos possam agir do modo mais eficaz possível e que, no âmbito de uma organização complexa, se ocupe dos princípios, dos métodos, dos critérios que regulam o seu funcionamento.

O administrador (executivo ou organizador) só consegue a habilidade gerencial com a experiência obtida no exercício profissional, lembrando que se torna indispensável, também, a força de vontade e as atitudes positivas

A figura do "executivo" (ou administrador profissional) sempre existiu, mas hoje se tem dele maior consciência porque se procura redefinir as pessoas e o seu papel com o fim de superar a nociva epidemia de massificação e acrescentar à humanidade aquele "algo mais" que a tecnocracia está procurando sufocar, isto é, a riqueza da novidade humana. Madre Rosa, modelo de "executivo" (ou administrador profissional), tendia a simplificar e a unificar, mas não era nem simplista nem desprovida, tanto menos que desatenta; simplesmente sabia que se a "vontade da pessoa não se move" não existem métodos milagrosos que possam surtir os efeitos desejados.

"Não se pode sempre comandar a vida; nem sempre o próprio ofício é belo", lembra Sêneca ao tratar de honras, poderes e obediência... . O que Madre Rosa pretendia nos comunicar quando dizia: *"As honras são a peste da alma?"* Sêneca recomendava o desprezo do dinheiro: *"Há maior tormento na posse das riquezas do que na fadiga de procurá-las para si. O dinheiro não faz feliz: tampouco menos bons"*.

Fé, atitude e motivações pessoais são indispensáveis ao "executivo" (ou administrador profissional), por isto ele deve conhecer a si mesmo ainda primeiro do que seu trabalho; deve perguntar-se: "Quem sou eu?, Estou no justo lugar? Quais são os valores a que aspiro? Conheço a organização, as regras formais e informais? A qual ética se inspira o meu comportamento? Planejo o futuro em vista das necessidades, dos estímulos sociais?

Segundo a teoria de G. Jung, os homens, pelo seu modo de relacionar-se com o mundo, podem-se distinguir em *introvertidos* e *extroverti-*

dos, mas existe uma vasta gradação entre um tipo e o outro e uma rica mistura de doses, razão porque cada indivíduo é um universo a si mesmo. Todavia, cada um recebe e elabora os dados mediante quatro funções: *reflexão, intuição, afetividade, percepção*.

Dos escritos de Madre Rosa emerge um dado importantíssimo: ela era *reflexiva*: enfrentava os problemas com lógica; era *perceptiva*: eficiente na atuação dos problemas, rápida nas decisões, e, por vezes, impaciente na realização das obras. Era muito *intuitiva*: preferia elaborar idéias e teorias, sabia "colher as linhas essenciais" de um problema. Era hábil na escrituração e, por tudo quanto sabia e podia, eficaz e imediata. Tudo, para ela, tinha valor, mas o *Valor Absoluto* era o seu Sumo Bem.

Madre Rosa tinha uma só regra, dar uma alma a tudo o que fazia portanto, também o formal mais rígido, vivido por ela com amor, se tornava um ato da mais profunda espiritualidade e humanidade. Para ela, não podia existir outra ética, senão aquela do respeito máximo pelas criaturas. Conhecia bem o *coração da organização*. Este coração, para ela, era o amor fraterno que definia emblema da instituição que dirigia, e disto era de tal forma convicta que, sobre este ponto, não admitia infrações. Os dois aspectos deste coração eram, para ela, a *humildade* e a *transparência*.

Era simples, de uma transparência desarmante. Apresentava-se tal como era, e a sua palavra correspondia ao pensamento. Nela se podia confiar. Era uma excelente planificadora do futuro. O mundo de hoje tem necessidade de autênticos "executivos" (ou administradores profissionais) que saibam organizar a vida, saibam prever os percursos, compreendam que quanto mais pensam nos outros tanto mais são carismáticos, sem trair a própria humanidade e, sobretudo, a própria alma.

Resumo

O neoliberalismo é uma doutrina imoral porque favorece a realização ampla da liberdade da minoria da elite da sociedade, considerando que seu lema é descartar pessoas em função de vantagens privadas. Preconiza ainda um modelo formal de concorrência ideal impossível de ser realizado e é um modelo econômico incapaz de enfrentar a crise no mercado de trabalho.

A globalização é marcada pela expansão mundial das grandes corporações internacionais, impulsionada nos governos Reagan (nos EUA) e Tatcher (na Inglaterra) com a desregulamentação dos preços, a abertura das fronteiras, com as privatizações das empresas estatais e pelo abandono do estado de bem-estar social. Contraditoriamente, a administração Reagan favoreceu significativamente as empresas americanas em relação às suas competidoras internacionais na concessão de contratos que envolvessem a defesa nacional.

Esta é uma das razões dos críticos acusarem-na – a globalização – de ser responsável pela intensificação da exclusão social representada pelo brutal aumento do número de pobres e de desempregados, e de provocar crises econômicas sucessivas, arruinando milhares de poupadores e de pequenos empreendimentos.

Um dos maiores estudiosos da globalização, François Chesnais, defende a criação da *taxação das transações financeiras internacionais*, cujos recursos seriam destinados a programas de combate à pobreza, ao demonstrar que a globalização financeira não é o resultado "natural" da ação das forças econômicas, e sim um "produto de decisões políticas conscientemente adotadas para eliminar direitos sociais e concentrar riquezas".

Uma das culturas que mais tem chamado a atençao dos cientistas da administração é a cultura japonesa, pela sua singularidade ímpar. A explicação para a rápida recuperação econômica do Japão e a sua atual posição de superpotência está na aculturação peculiar e nas técnicas de treinamento chamadas *shikata*, provenientes de sua cultura milenar. *Shikata* significa "a maneira de fazer as coisas", com ênfase especial na forma e na ordem do processo. O estresse é representado pela expressão *Karoshi*, definida como morte desencadeada por excesso de trabalho. Os trabalhadores japoneses são tão comprometidos com suas organizações e com o sucesso que eles trabalham de maneira extremamente dura, experimentando altos níveis de estresse.

A administração se torna uma necessidade social básica, a partir do momento em que, em primeiro lugar, o homem surge como o elemento central na dinâmica organizacional e, em segundo lugar, quando seu desempenho estiver comprometido com a utilização responsável da ciência e da tecnologia na exploração dos limitados recursos do ecossistema, à luz da ética.

Dentre os paradigmas indesejáveis da administração, destacam-se a esperteza, que é a fonte da corrupção, e a incompetência, geralmente caracterizada pela improvisação e pelo uso excessivo do expediente de *urgência urgentíssima*.

Nas organizações complexas, torna-se necessário distinguir duas importantes figuras: a do especialista-técnico e a do executivo. O primeiro é a pessoa que desenvolve as funções técnico-profissionais e possui conhecimentos e capacidades específicas. O executivo é aquele que "cria condições" para a eficaz ação do especialista-técnico, tomando decisões estratégicas e administrando conflitos organizacionais.

Referências Bibliográficas

1. MANCE, Euclides André. *Rejeições ao Liberalismo*. Paraná: Curitiba, IFIL – Instituto de Filosofia da Libertação.
2. WHITAKER, Francisco. *Periódico Correio da Cidadania*, edição 22/1/2000.
3. STONER, James A. F. e FREEMAN, R. Edward. *Administração*. 5ª ed., p. 94. Rio de Janeiro: LTC, 1999.
4. *Folha de São Paulo* – Folhadinheiro, 22/9/2000.
5. *Jornal do Brasil* de 22/10/1999.
6. O Estado de São Paulo de 23/9/1998 – Frei Betto. *Aldeias* – Espaço aberto.
7. DE MENTE, Boye Lafayette. *A Arma Secreta do Japão: O Fator Kata*. Editora Record, 1990.
8. DAFT, Richard I. *Administração*. 4ª ed., p. 469. Rio de Janeiro: LTC, 1999.
9. Revista *Veja*, edição 1689 de 28/02/2001 – site: www.veja.com.br.
10. O Estado de São Paulo – 19/1/2001. In: *The Commanding Heights*. YERGIN, Daniel e STANISLAW, Joseph. Pesquisa Wall Street Journal.
11. JESSE, Virga. *Revista das Filhas de Sant'Ana*. Ano XIV, nº 3, pp. 16-19, julho-setembro 1999.

MÓDULO II

ÉTICA E RESPONSABILIDADE SOCIAL

*"Sem justiça o progresso aumenta
a fome de ganhar e, ao mesmo tempo,
deixa milhões morrendo de fome..."*

Orlando Gambi

4

Administração e a Axiologia

"Nunca o ser humano teve tanta sede como nos dias de hoje... Os que optam pela verdade teimam em remar contra a correnteza e esperar contra toda esperança."

Sergio Jeremias de Souza

Introdução

Objetivos deste capítulo:

1) mostrar o papel que a educação exerce na preparação do homem, principal agente responsável pela construção de uma sociedade mais humana e justa;
2) apresentar a contribuição da Teologia na formação do pensamento administrativo;
3) mostrar os efeitos nocivos que a distorção da verdade traz ao ser humano, à profissão que exerce e aos resultados operacionais da organização;
4) mostrar a força que a palavra tem de transfigurar e de desfigurar o indivíduo, a empresa e a sociedade;
5) destacar a importância do respeito à dignidade humana como principal fator de sucesso profissional.

1. Formação Ética do Administrador Profissional

Um dos estímulos necessários para o progresso do homem encontra-se na educação promovida na família, nas instituições religiosas, na escola e na universidade. Como o verdadeiro papel da universidade é ensinar a pensar, cabe à educação uma parcela substancial de responsabilidade no que diz respeito à formação e à preparação do homem para bem usar a sua inteligência e atividade criadora no desenvolvimento e progresso espiritual e material da sociedade. Só assim pode o homem promover uma verdadeira transformação social e cultural, não isentas de inúmeras dificuldades.

Do ponto de vista da Administração, o poder é o elemento mais cobiçado pelo homem. Ao ampliar o seu poder, o homem não o consegue utilizá-lo a seu serviço. A este respeito, afirma Santo Agostinho: *"Serve-te do mundo, mas não te deixes ilaquear por ele; a vida é uma hospedaria, onde se entra para tornar a sair"*.

Mas, o que se observa na sociedade moderna é que o homem está se deixando ilaquear pelas coisas do mundo, ao buscar cada vez mais o amor a si próprio; é a eterna luta do ter contra o ser. O próprio conceito de "bom" hoje em dia está totalmente distorcido: *"Antigamente, bom era aquilo que fazia bem ao corpo e à alma. Hoje em dia, bom é cada vez mais aquilo que faz bem ao bolso. E a insatisfação, de onde vem?"*

Preocupada com as contradições do homem acerca de si mesmo, conforme afirma esta máxima da sabedoria: *há o progresso, mas o homem não progride*, a Constituição *Gaudium et Spes* faz este grave alerta à sociedade: *"Nunca o gênero humano teve ao seu dispor tão grande abundância de riquezas, possibilidades e poderio econômico; e, no entanto, uma imensa parte dos habitantes da terra é atormentada pela fome e pela miséria, e inúmeros são ainda os analfabetos. Nunca os homens tiveram um tão vivo sentido da liberdade como hoje, em que surgem novas formas de servidão social e psicológica"*. O documento deixa bem evidenciada a busca e manutenção, a qualquer custo, do poder do homem sobre o homem, no seu mais abrangente sentido.

Considerando a importância estratégica da educação na formação de administradores profissionais voltados para a construção de uma sociedade mais humana e justa, assim afirma o documento *Gravissimum Educationis*[(1)]:

> *"Entre todos os meios de educação, tem especial importância a escola, que, em virtude da sua missão, enquanto cultiva atentamente as faculdades intelectuais, desenvolve também a capacidade de julgar retamente, introduz no patrimônio cultural adquirido pelas gerações passadas, promove o sentido dos valores, prepara a vida profissional, e, criando entre alunos de índole e condição diferente um convívio amigável, favorece a disposição à compreensão mútua; além disso, constitui como que um centro em cuja operosidade e progresso devem tomar parte, juntamente, as famílias, os professores, os vários agrupamentos que promovem a vida cultural, cívica e religiosa, a sociedade civil e toda a comunidade humana. Os homens, mais plenamente conscientes da própria dignidade e do próprio dever, anseiam por tomar parte cada vez mais ativamente na vida social e, sobretudo, na vida econômica e política. Os admiráveis progressos da técnica e da investigação científica, e os novos meios de comunicação social dão às pessoas oportunidade de, gozando por vezes de mais tempo livre, conseguirem mais facilmente a cultura intelectual e moral e de mutuamente se aperfeiçoarem".*

Observa-se, portanto, que a busca do conhecimento científico, daquele conhecimento científico que constrói sem destruir, só é possível com o indispensável apoio da fé e da razão; com isso, consegue-se atingir a verdade objetiva do ser humano. Portanto, um dos caminhos para a realização humana é a Universidade. A Universidade contribui para a promoção da cultura superior; é o caminho oferecido aos estudantes para que se tornem pessoas verdadeiramente notáveis – em *conhecimento* e em *comportamento*.

O progresso humano está diretamente associado ao interesse pela busca do conhecimento. Sabiamente já afirmava Santo Agostinho: *"Ensinar os que ignoram a verdade é um serviço necessário; ensiná-los, agradando, é uma remuneração prazerosa; ganhá-los para a verdade é a maior das vitórias"*.

Assim, como a rosa é cheia de espinhos, no percurso para a busca do conhecimento encontram-se muitos obstáculos pela frente, mas o homem deve sempre estar preparado para o receber com alegria. Convém lembrar que, para avançar em seu progresso humano, o homem deve administrar bem o seu tempo, deve saber utilizar o tempos livre para descansar o espírito, recuperar a saúde psíquica e física. Para tanto, deverá fazê-lo intercalando os estudos com atividades recreativas.

Consolidando esta máxima sobre liberdade: *"Quem não conquista a liberdade dia por dia, acaba, cedo ou tarde, descobrindo-se novamente escravo"*, assim afirma a Declaração *Dignitatis Humanae*(2):

> *"O conhecimento é necessário para o exercício da liberdade, principalmente no mundo de hoje em que as pessoas estão sujeitas a pressões de toda a ordem e correm o perigo de se ver privadas da própria liberdade. Mas, por outro lado, não poucas mostram-se inclinadas a rejeitar, sob pretexto de liberdade, toda e qualquer sujeição, ou a fazer pouco caso da devida disciplina." E, "no uso de qualquer liberdade deve respeitar-se o princípio moral da pessoal e social; cada ser humano e cada grupo social está moralmente obrigado, no exercício dos próprios direitos, a ter em conta os direitos alheios e os seus próprios DEVERES para com os outros e o bem comum. Com todos deve-se proceder com justiça e bondade".*

Portanto, cada um deve cumprir com seus deveres dentro da ética e na melhor estética possível. *"Seja fiel no cumprimento de todos os seus deveres. Execute com capricho e amor todas as tarefas que recebe, embora pareçam insignificantes. Qualquer coisa que esteja fazendo, por menor que seja, é um passo à frente em seu progresso. Realize suas tarefas todas, como se delas dependesse – como de fato depende – todo o seu futuro."*

2. Administração e Filosofia na Busca da Verdade

A Administração é uma ciência ainda em pleno desenvolvimento e que, apesar de significativos avanços, ainda tem um longo caminho a percorrer. É *uma ciência multidisciplinar* voltada para a formação do pensamento administrativo. Das várias disciplinas inter-relacionadas com a Administração, a única que ainda não faz parte do programa dos cursos de Administração é a Teologia.

De acordo com o documento de Medelin(3), *"A universidade... deve ser antes de tudo universidade, isto é, unidades especializadas onde a investigação e a procura da verdade seja um trabalho comum entre professores e alunos..."* Logo é também tarefa da Administração transformar a sociedade ao "fazer com que a verdade penetre cada vez mais em todos os seus segmentos"(4). De acordo com as conclusões de Puebla(5), *"Compete aos cientistas, técnicos e construturores da sociedade tecnológica, incentivar o espírito científico com amor à verdade, e, para isso, é necessário um grande esforço de diálogo interdisciplinar da teologia, filosofia e ciências, à procura de novas sínteses"*.

A Teologia põe em evidência a missão do homem no universo, ao significado do seu esforço individual e coletivo. Esta interessante historieta, de autor desconhecido, denominada *O bom milho*, ilustra bem o significado e a importância do esforço individual e coletivo:

> *"Esta é a história de um fazendeiro que venceu o prêmio milho crescido. Todo ano, ele entrava com seu milho na feira e ganhava o maior prêmio. Uma vez, um repórter o entrevistou e aprendeu algo interessante: como ele cultivava o milho. O repórter descobriu que o fazendeiro compartilhava a semente do milho dele com seus vizinhos. Perguntou, então, o reporter: Como pode você se dispor a compartilhar sua melhor semente de milho com seus vizinhos, quando eles estão competindo com seu em cada ano. Você não sabe? Então, vou lhe explicar, disse o fazendeiro: O vento apanha o pólen do milho maduro e o leva de campo para campo. Se meus vizinhos cultivam milho inferior, a polinização degradará continuamente a qualidade de meu milho. Se eu for cultivar milho bom, eu tenho que ajudar meus vizinhos a cultivarem milho de melhor qualidade".*

Esta historieta é muito significativa porque mostra que esta mesma atitude pode e deve ser tomada também em outras dimensões. Aqueles que escolhem estar em paz devem fazer com que seus vizinhos estejam em paz. Aqueles que querem viver bem têm que ajudar os outros, para que vivam bem. E aqueles que querem ser felizes têm que ajudar os outros a encontrarem a felicidade, pois o bem-estar de cada um está ligado ao bem-estar de todos.

No entanto, como bem ilustra a Constituição *Gaudium et Spes*[6]: "*Nos dias atuais, a humanidade cheia de admiração ante as próprias descobertas e poder, debate, porém, muitas vezes, com angústia, as questões relativas à evolução atual do mundo, ao lugar e missão do homem no universo, ao significado do seu esforço individual e coletivo, enfim, ao último destino das criaturas e do homem*".

Complementando, esta máxima reflete muito bem sobre a necessidade que o homem tem de encontrar de imediato um sentido à sua vida: "*Se uma pessoa não tem um sentido na vida, deve logo inventar um, e viver de acordo com ele*". Lembre-se de que: "*Todo relacionamento humano começa pelo respeito e atinge o seu ponto mais alto na amizade. Ou então não leva a nada*".

Como bem acentua a *Gaudium et Spes*[7]: "*A natureza espiritual da pessoa humana encontra e deve encontrar a sua perfeição na sabedoria, que suavemente atrai o espírito do homem à busca e amor da verdade e do bem. O nosso tempo precisa de sabedoria, para que se humanizem as novas descobertas dos homens. Está ameaçado, com efeito, o destino do mundo, se não surgirem homens cheios de sabedoria*".

De fato, a sociedade não vem dando a devida atenção a profecia prescrita pela Teologia, através da *Gaudim et Spes*. E aí estão, infelizmente, os primeiros resultados negativos. Os atentados terroristas do dia 11 de setembro de 2001 e a resposta dos EUA colocaram a humanidade diante de uma encruzilhada: a guerra e suas desastrosas conseqüências, ou um maior empenho no diálogo para a paz e a unidade entre os povos? Em uma das manifestações pela paz em Washington contra a ação militar dos EUA, havia um cartaz que dizia: "*An eye for an eye makes the whole world blind*" – Olho por olho e o mundo acabará cego.

Todos têm o dever de buscar a verdade e de nela resolver tantos problemas morais que surgem na vida individual e social. A cortesia sempre, mas a verdade primeiro que tudo. Constantemente, os homens viajam para admirar as alturas dos montes, as imensas ondas do mar, as vertiginosas correntes dos rios, a latitude interminável dos oceanos e o curso dos astros e se esquecem do muito que há de admirar e conhecer a si mesmos.

Sabiamente dizia Santo Agostinho: *"Ainda que a obrigação de ensinar seja conseqüência do amor aos demais, a obrigação de continuar aprendendo, cada dia, é conseqüência do amor à verdade"*. Assim, "*O que ensina deve evitar toda palavra que não ensina*".

Confirmando esta máxima agostiniana, o documento teológico *Dignitatis Humanae*[8] afirma que: *"Aos que têm a seu cargo educar, que se esforcem por formar homens que, fiéis à ordem moral amem a autêntica liberdade; isto é, homens que julguem as coisas por si mesmos e, à luz da verdade, procedam com sentido de responsabilidade, e aspirem a tudo o que é verdadeiro e justo, sempre prontos para colaborar com os demais. Por causa de sua dignidade, os homens têm o dever moral de buscar a verdade, e, uma vez conhecida, aderir à verdade"*. O homem só é ele próprio mediante a *verdade*. Mas... O que é a verdade?

Lembre-se de que, se todo mundo só falasse a verdade, haveria muito silêncio, pois cada um de nós tem a sua irremissível culpa, para que ninguém conte vantagem. Há um hábito nocivo à sociedade, muitas vezes utilizado como expediente, que diz o seguinte: à custa de mera repetição, muita mentira acaba parecendo verdade.

O homem está tão acostumado à habitual cegueira, que a eventual visão pode-lhe parecer total ilusão. É fácil falar agradavelmente quando não se vai dizer a verdade. Verdade é um dos mistérios do homem, e a dignidade do homem está relacionada com a *verdade*. Todo homem nasce para dar testemunho da *verdade*, de acordo com a sua vocação particular. Lembre-se de que "A verdade sobre o homem é antes de tudo, uma verdade sobre ele mesmo"[9].

No entanto, cientistas como Alvin Toffler chegam ao absurdo extremo de afirmar que "A transformação atual é tão rápida e inexorável nas tecnossociedades que *as verdades de ontem se tornam subitamente as ficções de hoje*, e os membros mais altamente qualificados e inteligentes da sociedade admitem ter dificuldades para acompanhar a avalanche de novos conhecimentos, mesmo em campos extremamente limitados".

2.1. Verdades e a Verdade Primeira

Segundo Anselmo[(10)], assim como o tempo está para tudo o que é temporal, da mesma forma a verdade está para todas as coisas verdadeiras. Ora, o tempo está para todas as coisas temporais de maneira tal, que há um só tempo. Logo, também a verdade está para todas as coisas verdadeiras de maneira tal, que *existe uma só verdade*.

Para Anselmo, se a muitas coisas verdadeiras corresponderem muitas verdades, concluir-se-á que as verdades variam de acordo com o variar das coisas verdadeiras. Ora, as verdades não variam de acordo com o variar das coisas verdadeiras, pois, mesmo quando perecem as coisas verdadeiras e as coisas retas, continuam a subsistir a verdade e a retidão, em virtude das quais as coisas são verdadeiras ou retas. Por conseguinte, existe uma só verdade[(11)].

Além disso, nas coisas criadas, nenhuma verdade é a sua própria verdade, assim como a verdade do homem não é o homem, e a verdade da carne não é a carne. Ora, todo ente criado é verdadeiro. Logo, nenhum ente é criado e é uma verdade. Conseqüentemente, toda verdade é algo de incriado, só podendo existir uma verdade[(11)].

Entre as criaturas nada existe superior à inteligência humana, exceto Deus, segundo o dizer de Agostinho. Ora, a verdade, segundo a demonstração de Agostinho[(12)], é maior do que a inteligência humana, pois não se pode dizer que seja menor. Com efeito, se a inteligência fosse superior à verdade, caber-lhe-ia julgar sobre a verdade, o que é falso. A inteligência não julga *sobre* a verdade, mas *segundo* a verdade, da mesma forma que ao juiz não compete julgar sobre a lei, mas segundo a lei[(13)].

Tampouco se pode dizer que a inteligência esteja em pé de igualdade com a verdade, pois a verdade é para o intelecto o critério à luz do qual deve julgar tudo, visto que a inteligência não pode tomar-se como critério para julgar acerca das coisas. Logo, a verdade só pode ser o próprio Deus. Por conseguinte, só existe uma verdade, à luz da qual todas as coisas são verdadeiras[(14)].

Afirma Agostinho *"Assim como a semelhança é a forma das coisas semelhantes, da mesma maneira a verdade é a forma das coisas verdadeiras"*. A verdade imutável de que fala Agostinho é a Verdade Primeira, que não é perceptível aos sentidos nem constitui algo criado. Por conseguinte, existe uma só verdade (incriada), da qual derivam todas as outras. Nenhuma verdade tem início nem fim, o que equivale dizer que todas as verdades são eternas[15].

"Ao Senhor nosso Deus são conhecidas todas as coisas antes que fossem criadas, assim como as conhece depois da criação das mesmas" (Eclo 23, 29). Conseqüentemente, Deus conhece as coisas, depois de criadas, da mesma forma que as conheceu antes da sua criação. Logo, desde toda a eternidade existiram muitas verdades, não somente na inteligência de Deus, mas também em si mesmas. No dizer do *Livro da Sabedoria* (1, 15), *"a justiça é perpetua e imortal"*. Ora, a verdade constitui parte da justiça, afirma Túlio Cícero. Logo, a verdade é perpétua, imortal e incorruptível[16].

Se por verdade entendermos a verdade criada – isto é, a que reside nas coisas e na inteligência criada –, neste sentido, a verdade não é eterna, pois não são eternas as próprias coisas nem o conhecimento, nos quais residem as verdades criadas. Convém ter em mente que o próprio objeto, em virtude da imagem que contém, concorda com a inteligência divina, assim como o produto da arte humana concorda com o projeto ou desenho original[16].

A verdade não muda ao se modificarem as coisas verdadeiras, visto que, mesmo desaparecendo as coisas verdadeiras, a verdade em si mesma permanece, conforme demonstram Agostinho e Anselmo. Logo, a verdade é totalmente imutável[17].

Por exemplo, ao se operar uma mudança do branco para o preto, permanece uma cor enquanto cor, desaparecendo, todavia, a cor enquanto cor branca. Conseqüentemente, as coisas criadas apresentam variação (mutabilidade) em sua participação da Verdade Primeira, ao passo que a própria Verdade Primeira, em virtude da qual as coisas se denominam verdadeiras, de modo algum se altera. Lembra Agostinho: *"A nossa inteligência enxerga por vezes mais e por vezes menos da própria Verdade. Esta, porém, permanece inalterada em si mesma, sem aumentar nem diminuir"*. Se por verdade entendermos a que é inerente às coisas, neste caso se pode e se deve dizer que a verdade é mutável: não no sentido de que a própria verdade mude, mas no sentido de que algo muda em relação a ela – o *conhecimento* subjetivo(18).

A verdade que permanece ao desaparecerem as coisas verdadeiras é a Verdade Primeira, a qual nunca se altera, mesmo ao se alterarem as coisas. Lembre-se de que ao considerar o fator tempo, alterando-se o tempo, altera-se também a verdade do conhecimento(19).

2.2. A Verdade e o Homem(20)

Vamos examinar agora a Verdade sob um outro ângulo. Há em Deus duas espécies de verdades: aquelas que são acessíveis à nossa inteligência e as que ultrapassam totalmente a nossa capacidade de compreensão, motivo pelas quais são propostas como objetos de fé. Basta aqui abordar somente as verdades inteligíveis e demonstrar que, mesmo para essas verdades acessíveis à inteligência humana, torna-se indispensável tratá-las como objetos de fé. Provérbio: *"Ter fé é enxergar o mundo com os olhos emprestados de Deus"*.

1ª Justificativa: Dificuldades para Adquirir Conhecimento de Deus

Deve-se ter em mente que para se ter um mínimo conhecimento de Deus, exige-se uma longa e laboriosa busca, o que é impossível para a maior parte dos homens, por *três motivos*.

a) *Temperamento:* uma pessoa temperamental facilmente se desvia do saber. Atestam-na estas máximas: "Não há nada pior do que uma pessoa insatisfeita"; "Os insensatos procuram o defeito no mundo. Os sábios procuram o defeito em si mesmos"; "E como lhe explicar que o que ele via não era a realidade, mas apenas a sua visão da realidade?"; "O mundo não é como o vemos, mas como ele mesmo é; e que não vemos o mundo como ele é, mas como nós somos".

b) *Afazeres materiais:* aos responsáveis pela administração dos bens temporais, falta-lhe o tempo necessário para a pesquisa do conhecimento de Deus. Provérbios: "O maior pecado do mundo é a rotina"; "Se o homem pudesse realizar a metade dos seus desejos, dobraria os seus problemas"; "O que procuro não são seus bens, mas o seu bem".

c) *Preguiça:* o conhecimento de tudo o que a razão pode descobrir acerca de Deus exige preliminarmente numerosos conhecimentos, pois quase toda a reflexão filosófica está orientada para o conhecimento de Deus. Provérbios: "A preguiça é a maior paixão da humanidade"; "Para muitos, ser realista é ganhar dinheiro... nada mais"; "Muitos até descobrem o tesouro, mas têm preguiça de desenterrá-lo".

2ª Justificativa: Revelação das Verdades

Se não fossem reveladas por Deus, para chegar ao conhecimento de tais verdades só seria possível, e com muitas dificuldades, após muito tempo de pesquisa, pois o homem só se torna prudente e sábio à medida que as suas paixões se acalmam. Provérbio: "Não seja vítima de sua própria paixão, para que ela não o despedace como touro furioso".

Portanto, se o único caminho para o conhecimento de Deus fosse a razão natural, o gênero humano permaneceria envolto nas trevas mais profundas da ignorância, pois o conhecimento de Deus, que contribui enormemente para tornar os homens perfeitos e bons, constituiria o privilégio de um pequeno grupo de pessoas, e mesmo estes só chegariam a este privilégio após muito tempo de pesquisa. Provérbios: "O injusto assume ares de pessoa importante, mas o homem reto controla sua própria conduta"; "É bom ser importante, mas o mais importante é ser bom".

3ª Justificativa: A Conatural Franqueza da Inteligência Humana

O homem é um ser que esquece. Esquece que precisa se concentrar nos valores fundamentais, nas prioridades verdadeiras, no ético, no imutável e no divino. Agarrando-se apenas ao provisório, o homem perde a noção de sua origem e de seu destino. Não consegue discernir o certo do errado, o ético do antiético, o moral do imoral, consolidando, assim, uma tendenciosa e aceitável inversão de valores humanos. Esquece que o maior espetáculo para o homem continua sendo o próprio homem e que Deus não criou o gênero humano com a intenção de só permitir a uns poucos gênios alcançarem a eternidade. Antes, tornou as provas da sua existência e o conhecimento da verdade, acessíveis a qualquer pessoa de inteligência normal e de boa vontade. Para muitos permanecem dúvidas em relação ao que é demonstrado como verdade absoluta, por não conhecerem o valor da demonstração, e, sobretudo, pela incapacidade de discernir a veracidade ou não-veracidade dos que se apresentam como sábios.

2.2. Dimensão Humana da Verdade

Como bem afirma Karol Wojtyla[(21)], a *verdade* possui em si mesma uma *dimensão divina*, pertence à natureza do próprio Deus, e, ao mesmo tempo, possui uma *dimensão humana*, ou seja, constitui uma *dimensão essencial do conhecimento humano e da sua existência*, da ciência, da sabedoria, da consciência humana, a que confere o seu sentido específico. A *Verdade*, como mistério do homem, compreende *a verdade do conhecimento de si mesmo, do conhecimento mundo* ou da ciência – obtido nas universidades e faculdades, ciências, inventos, literatura, escultura, música – e *conhecimento da fé – antropológica e divina –* através da busca da sabedoria, pela Filosofia e pela Teologia. A Verdade deve ser reconhecida e proclamada abertamente. Convém destacar neste particular que, enquanto a Teologia *"testemunha a verdade"*, a Filosofia *"vai em busca da verdade"*. De maneira que há uma perfeita sintonia entre Teologia e Filosofia.

Você conhece a si mesmo? De acordo com Martin H. Padovani[(22)], uma das áreas da nossa vida a que parecemos não dar muito valor é o nosso passado, especialmente à nossa família de origem. Todos nos lembramos de incidentes relacionados com nossa experiência familiar que trazem à tona sentimentos de alegria e tristeza. Mas isso não quer dizer que compreendamos totalmente o significado que nossas raízes têm para a nossa vida atual.

Segundo Padovani, devemos voltar-nos para um entendimento que reúna todas as peças do quebra-cabeças do nosso passado, para que possamos compreender-nos melhor e entender mais profundamente quem somos, como nos comportamos, pensamos e nos sentimos, e também para onde vamos. Em outras palavras, *"é impossível nos conhecer como deveríamos, sem um entendimento mais completo da nossa história familiar, da nossa herança, das nossas raízes"*. E mais, não podemos simplesmente eliminar o passado ou lidar levianamente com ele, como se fosse uma antiga peça de mobiliário. A tragédia reside no fato de muitas famílias repetirem o que aconteceu em gerações anteriores, apesar de se estarrecerem com o que essas gerações suportaram. Outras deixam de utilizar a riqueza do passado.

Continuando, afirma ainda Padovani que todos precisam lidar em algum momento com os conflitos não resolvidos do passado, ou estes permanecerão e se tornarão ainda piores, a ponto de antecedentes familiares que são rejeitados e dos quais os indivíduos se ressentem poderem efetivamente tornar-se parte da vida deles. Uma inscrição nos portões do campo de concentração de Dachau diz: *"Aqueles que esquecem o passado estão condenados a repeti-lo"*.

Conclui Padovani ao afirmar que: *"O desafio que enfrentamos é ultrapassar a nossa formação, compreendendo a nossa família e aprendendo a respeito dela. Com efeito, podemos transcender essa formação. Podemos desenvolver suas riquezas e recursos não explorados. É questão de motivação. Portanto, devemos superar a nós mesmos"*.

A encíclica *Ecclesiam suam* é considerada a encíclica do diálogo, porque coloca em evidência, com muitos pormenores, *"a atitude que... se deve adotar neste período da história do mundo, uma atitude que exige um estilo e ao mesmo tempo método capazes de alcançar a sociedade moderna"*.

As circunstâncias mudaram desde os anos em que a encíclica *Ecclesiam suam* foi escrita, mas o seu ensinamento sobre o diálogo com o mundo permanece pelo menos tão pertinente quanto era em 1964 quando os novos conhecimentos, as renovadas tecnologia e o bem-estar sem precedentes impelem a tratar em um mundo novo de responsabilidade e de desenvolvimento humanos. A primeira defesa a efetuar é a da dignidade inalienável e a do valor da própria vida.

Em seu artigo sobre a transmissão da verdade, afirma João Paulo II que, para garantir a transmissão da verdade, deve-se observar as seguintes *qualidades*: *clarividência, humanidade, confiança e prudência*(23).

> *"Falar com* ***clarividência*** *significa que é preciso explicar a verdade de modo compreensível. Deve-se não só repetir, mas explicar. Esta apologética – forma de defender, justificar – deve encontrar uma comum gramática em sintonia com aqueles que vêem as coisas sob diferentes pontos de vista*

e não compartilham nossas convicções, se não terminaremos por falar diferentes linguagens, mesmo usando o mesmo idioma. Esta nova apologética também deverá respirar um espírito de ***humanidade****, aquela humildade... que compreende as ansiedades e interrogações das pessoas que não se apressa em ver nas mesmas má vontade ou má fé. Ao mesmo tempo, esse espírito de* ***humanidade*** *não apelará a um sentimental apreço do amor e de compaixão... separado da verdade, mas, pelo contrário, insistirá sobre o fato de que o verdadeiro amor e compaixão podem apresentar reivindicações radicais, precisamente porque são inseparáveis da verdade... Falar com* ***confiança*** *significa que, embora muitas pessoas possam negar-nos qualquer competência específica ou admoestar-nos pelas falhas... jamais devemos perder de vista... a verdade à qual todos os homens aspiram, independentemente de quão distantes, resistentes e hostis possam parecer. Enfim a* ***prudência****, ...definida como sabedoria prática e bom senso. Isto significa que devemos dar uma resposta clarividente às pessoas que nos perguntarem: O que devemos fazer?" (Lc 3, 10.12.14).*

3. Mecanismos de Distorção da Verdade

Apoiando-se nesta máxima: *"O orgulho dos pobres que não se curvam aos poderosos é a única dignidade que lhes resta"*, pode-se afirmar que *a verdade é o fundamento primeiro que constitui a dignidade humana*. Jamais se deve negar ao homem o direito à verdade. No entanto, a verdade é cada vez mais ameaçada pelas pressões exercidas pelo poder econômico.

3.1. Manipulação da Verdade

Uma das formas freqüentemente utilizada para "abafar" a verdade é manipular a informação. Manipular a verdade significa dar maior destaque à parte menos significativa da informação. Agindo assim, a mídia evidencia o sensacionalismo, divulgando somente aquilo que interessa aos detentores do poder econômico e político. A intenção é, através dos meios de comunicação social, dar destaque às informações secundárias e ocultar as principais. A manipulação da informação contraria diretamente o princípio da "prevalência do principal sobre o acessório". A intenção é, indiscutivelmente, destacar os assuntos irrelevantes, tornando-os relevantes. Esta é uma forma eficaz de confundir a opinião pública, muito utilizada pela mídia.

Afirma Sung Mo Sung(24), que:

> *"... Infelizmente, encontramos muita distorção da VERDADE social geradas por 'estranhas inversões do mercado' onde somente os beneficiados do sistema econômico tornam-se vítimas, e as vítimas tornam-se culpadas. No passado, os pobres e migrantes, vítimas de um modelo econômico de crescimento baseado no arrocho salarial e no êxodo rural eram considerados culpados. Estranha forma de julgar os pobres vítimas culpadas. Porém as crianças pobres eram consideradas (vítimas) inocentes. Atualmente, até as crianças pobres são consideradas (vítimas) culpadas. Sem acesso ao mercado de trabalho, os menores sobrevivem de modo ilegal (limpador, guardador, pequenos furtos). Estas atividades atrapalham a vida das pessoas 'de bem', das pessoas integradas ao mercado. Quando estas pessoas de 'bem' sentem-se ameaçadas por estas crianças, estas são de imediato rotuladas de culpadas mesmo sem cometer nenhum delito. São culpadas por delitos que por certo irão cometer. São condenadas antecipadamente. Por esta razão, nem os assassinatos de crianças pobres chocam mais a consciência social. Estranho paradoxo: pessoas integradas no mercado têm consciência tranqüila diante da intranqüilidade social. Como aprenderam que ter consciência tranqüila é a prova de sua inocência e de que está de bem com Deus, se a única intranqüilidade em face da crise social é a preocupação de não ser atingido por ela e de não sofrer violência por parte dos pobres e marginalizados, elas são vítimas dos pobres (esses seres violentos). Elas protegem-se destes seres violentos atrás dos muros dos condomínios fechados, nos clubes ou shoppings. Assim, os beneficiados do sistema econômico perverso tornam-se vítimas e as vítimas deste sistema tornam-se culpadas".*

O famoso milagre da Multiplicação dos Pães (conhecimento este de domínio público) é um exemplo significativo da necessidade, já naquela época, em se combater "a lei do mais forte" que encontrava plena justificação no plano teórico e dominava no das relações concretas entre os homens. Portanto, a dignidade da pessoa humana deve ser defendida, mas não deve constituir no uso desenfreado da própria liberdade, e uma liberdade a serviço do prazer, não limitada por norma alguma. A dignidade do homem deve pautar pelo uso justo e responsável da liberdade humana. É nosso dever lutar a favor do homem, não raro, contra o próprio homem, nas profundezas dos corações humanos e das consciências humanas[25].

3.2. Alienação e a Mensagem Subliminar

São verdadeiramente trágicas as situações em que o homem é constrangido a viver na mentira e na omissão, negado-lhe – sob forte coação – o direito de dar testemunho da Verdade. Na literatura, encontramse descrições impressionantes de semelhante alienação do homem: a privação do que constitui essencialmente a sua humanidade. Infelizmente, a sociedade dominante não leva em consideração a declaração dos direitos do homem, as convenções, os acordos internacionais nem as constituições. Somente a força é que conta!

Convém destacar que constitui perfil essencial do homem sua vinculação e relacionamento com a Verdade, com a responsabilidade pela Verdade e com o testemunho prestado à Verdade. Ainda imperam na atual sociedade a falsidade, a hipocrisia e a manipulação da opinião pública. Para Karol Wojtyla, o testemunho corajoso opõe-se decididamente aos semeadores da desconfiança no homem e, também, aos que destroem o sentido da responsabilidade da verdade e a firme consciência do direito à verdade, que deve existir em todo homem. A psicologia é quem melhor define Subliminar: – Qualquer estímulo produzido abaixo do limiar da consciência, e que produz efeitos na atividade psíquica ou mental. As mensagens ou propagandas subliminares são veiculadas nos mais diversos canais de comunicação como TV, cinema, rádio, histórias em quadrinhos, revistas, RPG, fliperamas, videogames, músicas, informática, teatro, jornais, *outdoors*, embalagens, bonecas, vitrines, etc. Este tipo de propaganda fere as normas do bom senso e do livre arbítrio, pois não oferece opção de escolha, seja na compra de um produto, uma filosofia ou ideal político.

Infelizmente, está sendo cada vez mais utilizada a mensagem subliminar para distorcer a verdade, confundir a mente humana e interferir diretamente na formação da opinião pública, especialmente a infantil e a juvenil. As mensagens subliminares são encontradas em vários campos da atividade humana, tais como: na música, na arte, na literatura, nos meios de comunicação, nos jogos eletrônicos etc. O site *www.mensagemsubliminar.com.br* aborda este assunto com riqueza de detalhes.

4. Poder da Palavra de Transfigurar e de Desfigurar

Não poder-se-ia concluir este capítulo sem mostrar aos estudantes e também aos profissionais em geral, como proeminentes "executivos" – de renome nacional e internacional – pensam e agem, com relação aos objetivos da Administração e à sociedade em geral.

Lembre-se, para pensar grande, de utilizar palavras e frases que produzam imagens mentais grandiosas e positivas. Que imagens você forma em sua mente[26]?

Frases que criam imagens mentais mesquinhas e negativas	Frases que criam imagens mentais grandiosas e positivas
Não adianta, estamos derrotados.	Ainda não estamos derrotados. Vamos tentar de um modo novo.
Uma vez me meti nesse negócio e fracassei. Nunca mais!	Fracassei, mas por culpa minha. Vou tentar de novo.
Tentei, mas o produto não é vendável. Ninguém o quer.	Até agora não consegui vender esse produto. Contudo, sei que é bom e ei de encontrar uma fórmula que vai fazê-lo sair.
O mercado já está saturado. Imagine que 75% do mercado em potencial já foram atendidos. É melhor cair fora.	Imagine que 25% do mercado em potencial ainda não receberam esse produto. Conte comigo. O negócio parece bom.
Seus pedidos foram muito pequenos. Anule-os.	Os pedidos foram muito pequenos. Vamos planejar um meio de vender-lhes mais.
Cinco anos é muito tempo para atingir um bom posto em sua companhia. Não conte comigo.	Realmente, cinco anos é muito tempo. Imagine que ainda me restam 30 anos para servir num alto posto.
Os concorrentes estão com todas as vantagens. Como espera você que eu consiga derrotá-los?	Os concorrentes são fortes, não podemos negar. Mas ninguém possui todas as vantagens. Vamos pensar juntos e imaginar um meio de derrotá-los em seu próprio campo.

Frases que criam imagens mentais mesquinhas e negativas	Frases que criam imagens mentais grandiosas e positivas
Ninguém, jamais, aceitará esse produto.	Na forma atual, é possível que não seja vendável, mas, quem sabe se fazendo algumas modificações...
Vamos aguardar a crise para, então, aumentarmos os estoques.	Vamos investir agora. Apostemos na prosperidade, não na depressão.
Sou muito jovem (ou velho) para esse emprego.	Ser jovem (ou velho) é uma grande vantagem.
Eu lhe provo que não vai adiantar.	Eu lhe provo que adianta.
Imagem formada: escura, sombria, desapontada, amargurada, fracassada.	*Imagem formada*: brilhante, esperançosa, alegre, vitoriosa.

Adaptado de David J. Schwartz – *A Mágica de Pensar Grande.*

4.1. Como a Palavra Pode Desfigurar?

Não seria possível tratar este desconfortável tema sem o concurso de alguns provérbios que permitem melhor discernimento quanto ao péssimo comportamento de executivos e intelectuais que não se sensibilizam por suas condutas insensatas; muito pelo contrário, chegam a "orgulhar-se" em demonstrar sua total insensatez.

Provérbios

a) "Fama e corrupção são coisas que sempre andam juntas, possuídos por suas posses."

b) "Para muitos, 'ser realista' é ganhar dinheiro... nada mais."

c) "Os espertos sempre conseguem a vitória, é claro – com insônia, úlcera no estômago e neurose profunda."

d) "Esperteza é a inteligência dos medíocres, e a falta de escrúpulos é a mãe da prosperidade."

e) "Quando os injustos imperam, todo mundo se esconde; quando eles desaparecem, os justos prosperam" (Prov. 28,28).

Observem bem estas declarações de executivos e escritores de projeção nacional e internacional, cujas frases têm, lamentavelmente, o poder de desfigurar a sociedade.

"A maior dor para mim foi perder aquilo de que eu mais gostava na minha vida, que é o banco. Que me desculpe minha família, que me desculpem meus filhos." (Salvatore Cacciola – dono do Banco Marka sob intervenção do Banco Central – em depoimento na CPI do Sistema Financeiro)[(27)].

"O que você faz quando o seu concorrente está se afogando? Pego uma mangueira ligada e enfio na sua boca." (Douglas Ivester – Presidente da Coca-Cola)[(28)].

"Carro é como marido: só da dor de cabeça se você escolhe errado." (Rogélio Golfarb – Gerente geral de Marketing da Ford)[(29)].

"Não importa quantas pessoas você ofenda, desde que sua mensagem chegue aos consumidores." (obs.: *Nike* significa deusa grega da vitória) (Philip Hampson Knight – Fundador da Nike)[(29)].

"Você não veio ao mundo para agradar a todos. Por que raios não pode você ser a pessoa que desagrada a alguém? E tudo bem, o mundo é assim mesmo." (Frase de Nelson Spritzer, autor do livro *O Novo Cérebro*)[(29)].

Arthur C. Clarke – autor de *"2001 – Uma Odisséia no Espaço"* e *"3001 – Uma Odisséia Final"* (ficção científica), escreveu cerca de 80 livros[(29)].

- "Sou um recluso fracassado."
- "A paz, em alguns casos, é ruim para o avanço da ciência e da tecnologia."
- "O excesso de população é hoje o nosso maior problema."

"Os trabalhadores mais incapazes são sistematicamente promovidos para o lugar onde possam causar menos danos a chefia." (Scott Adams)[(30)].

"O segredo do sucesso não é prever o futuro, mas criar um organização que prosperará em um futuro que não pode ser previsto." (Michael Hammer – pai da reengenharia)[(30)]. *Festival de vulgaridades publicitárias.*

"Os comerciais do Analgésico Cefaliv associa casal à prostituição." (Julio Cesar Gagliardi – Diretor de Marketing da Aché Laboratórios)[(30)].

Sorvete kibonbon – *"A Kibon associa produto com orgia em praia de nudismo."* (Bruno da Graça – Gerente Produto Kibon[(30)]. *Revista Exame* – 1/1/1997.

Shopping Market Place associa a imagem do nascimento de Cristo e os três reis magos a três reis magos afeminados em busca da estrela[(30)].

Mito e Realidade

Nem sempre o poder é um passaporte para a boa vida[(30)].

Antes	Depois
Presidente Café Filho (1954/1955) imaginava que deixaria o cargo com vida feita.	Trabalhou como funcionário em uma imobiliária carioca.
Mário Andreazza – Ministro dos Transportes – em 1967, vivia sob a suspeita de que tivesse se enriquecido às custas de obras públicas.	Um grupo de amigos se cotizou para pagar o translado de seu corpo de São Paulo para o Rio de Janeiro.

Salvem os homens além das baleias.

Pesquisa feita nos EUA revela que, na década de 1970, houve um substancial aumento no índice de suicídio de pessoas do sexo masculino. De acordo com Warren Farrell, autor do livro *O Mito do Poder Masculino*, a principal razão para esse aumento de suicídios é que *"cada vez mais a sociedade exige que os homens sejam bem-sucedidos"*.[(30)]

Sob o título de *Os Mágicos do Sucesso*, afirma a revista *Veja*: No rastro de Lair Ribeiro profissionais mudam de ramo e fazem fortuna no campo da AUTO-AJUDA (Neurolingüística). O sucesso dos livros de auto-ajuda é um fenômeno curioso. Mostra que há uma multidão imensa de pessoas com um sentimento de insatisfação consigo próprias. Isso as leva a consumir livros que trazem pílulas da felicidade e do sucesso, da mesma forma que se encaminham para psicanalistas, astrólogos, gurus religiosos e outros especialistas no ramo da *fragilidade humana*.

O que se pode criticar (nesses livros, *Criando seu Futuro de Sucesso,* de Renato Hirata; *Pensamento e Mudança – Desmistificando a Programação Neurolingüística,* de Nelson Spritzer; *Como criar Resultados Inteligentes*, de Nelson Spritzer; *Livre para Vencer*, de Octavio Calonge) é a eventual malícia dos autores de ganhar fortunas vendendo um sonho virtualmente inatingível – ao menos pelos métodos pregados por eles[(31)].

4.2. Como a Palavra Pode Transfigurar?

Encontram-se entre os executivos, aqueles que cautelosamente dimensionam as conseqüências de suas palavras e ações. E estas frases expressam bem este sentimento de preocupação e responsabilidade, e a noção que têm da extensão de suas declarações e ações junto à organização e a sociedade em geral.

Provérbios

a) "Devo estar atento àquilo que estou falando para quem estou falando."

b) "Só alcança a sabedoria quem unificar os seus pensamentos e ações."

c) "A felicidade não está no prazer, nem no dinheiro. A felicidade está naquele que encontra a verdade."

Recomenda-se a cada um que estude sua própria personalidade. De nada nos valerá o conhecimento de todas as ciências do mundo, de tudo o que está fora de nós, se não conhecermos a nós mesmos. Estude sua alma, que é seu verdadeiro eu, que se reflete em sua personalidade exterior. Nosso corpo é a projeção de nossa alma. Conheça a si mesmo, para viver uma vida consciente e feliz.

"É difícil para mim aceitar e acreditar que o mesmo executivo que hoje demite milhares de pessoas receba amanhã milhões de dólares de remuneração." (James Preston – Presidente mundial da Avon)[(32)].

"Os editores querem heróis e vilões, vítimas e predadores. Tudo isso freqüentemente resulta em lixo jornalístico." (Robert J. Samuelson – Articulista de revista americana)[(32)].

"Afinal, são os países ricos que exportam a corrupção para os países em desenvolvimento", referindo-se às propinas impostas aos países pobres por empresas e governos corruptos. O custo da corrupção (licitações internacionais) varia de 10% a 20% do valor do contrato. Mas, boa parte do prejuízo não decorre dessas porcentagens pagas a mais pelos contratos. Mais importante é a distorção que a corrupção gera nas formulações de políticas dos países. Ou seja, os tomadores de decisão (ministros, chefes de estado etc.) tomam suas decisões com

base no dinheiro que poderão colocar no bolso. Com isso deixam de se perguntar se estão adquirindo o melhor equipamento ou serviço mais adequado ao país. O mais grave é que muitos países pobres adquirem coisas que não precisam." (George Moody Stuart – Consultor inglês)[(32)].

Existe hoje publicidade clara e deliberadamente enganadora. Mas, em geral, a questão da verdade na publicidade é mais sutil: uma publicidade não afirma o que é abertamente falso, mas pode deturpar a verdade insinuando elementos ilusórios ou omitindo dados pertinentes. No nível individual e social, a verdade e a liberdade são inseparáveis. Sem a verdade como fundamento, como ponto de partida, como critério de discernimento, de julgamento, de escolha e de ação, não pode existir um exercício autêntico da liberdade[(33)].

O Concílio Vaticano II evidencia que o conteúdo da comunicação deve ser "verdadeiro e – dentro dos limites da justiça e da caridade – completo". Este conteúdo deve ser ainda comunicado "de maneira justa e apropriada".[(34)]

De fato, a publicidade, como outras formas de expressão, tem as suas convenções e estilos próprios, os quais convém ter em conta se fala de veracidade. É normal que se encontre na publicidade alguns exageros simbólicos ou retóricos. Dentro dos limites de uma prática reconhecida e aceita, isso pode ser lícito. Existe, contudo, um princípio fundamental, segundo o qual a publicidade não pode deliberadamente procurar iludir, seja explícita ou implicitamente, seja por omissão[(35)] .*"O correto exercício do direito à informação exige que o conteúdo daquilo que é comunicado seja verídico e completo, compreendida a obrigação de evitar qualquer forma de manipulação da verdade, seja por que motivo for"*[(36)].

Impõe-se uma exigência absoluta que a publicidade respeite "a pessoa humana, o seu direito-dever de fazer as suas opções responsáveis, a sua liberdade interior; bens, todos estes, que seriam violados se se desfrutassem as tendências mais baixas do homem, ou se comprometesse a sua capacidade de refletir e de decidir"[(37)].

Estes abusos não são só hipoteticamente possíveis, mas são realidades presentes em numerosas publicidades de hoje. A publicidade pode ofender a dignidade da pessoa humana, com os seus conteúdos – o que é publicado e o modo como é feito – e com o impacto que procura causar sobre o público. Convém lembrar a avidez, a vaidade, o desejo e a ambição, bem como as técnicas que manipulam e exploram a fragilidade humana. Nestes casos, as publicidades já se tornaram veículos de uma visão deformada da vida, da família, da religião e da moralidade – segundo uma interpretação que não respeita a autêntica dignidade nem o destino da pessoa humana[(38)].

Este problema é bastante grave quando diz respeito a categorias de pessoas ou a classes sociais particularmente vulneráveis: as crianças e os jovens, as pessoas da terceira idade, os pobres e os indivíduos desfavorecidos no plano cultural. Uma boa parte da publicidade, destinada às crianças, parece querer desfrutar a sua ingenuidade e o seu caráter impressionável, na esperança que façam pressão sobre os seus pais para que lhes comprem produtos que não lhes proporcionam qualquer benefício positivo. Este gênero de publicidade ofende a dignidade e os direitos quer das crianças, quer dos pais. Ela intervém na relação entre pais e filhos e procura manipulá-la para conseguir os seus objetivos prioritários. De igual modo, uma parte relativamente mínima de publicidade destinada à terceira idade ou às pessoas culturalmente desfavorecidas parece querer aproveitar-se das suas angústias, para as persuadir a consagrarem uma boa parte dos seus magros recursos à aquisição de bens ou de serviços de interesse duvidoso[(38)].

5. Homem e a Sociedade Pluralista

João Paulo II[(39)] destaca os dois principais pontos que mais angustiam o homem: Que rumo segue o mundo? Para onde vai? Este documento destaca as contradições do homem. Portador de uma força e capacidade criativa e construtiva, motivos de espanto e admiração, não menos espantoso é a alienação a que a sociedade está atualmente reduzida, oriunda das manipulações do egoísmo individual e coletivo.

Esse egoísmo são aqui identificados:

a) pela auto-suficiência de uma cultura e de uma técnica fechadas ao transcendente;

b) pela redução do homem a mero instrumento de produção, vítima de ideologias preconcebidas ou da fria lógica das leis econômicas, manobrado para fins utilitaristas e interesse de grupos, que ignoraram e ignoram o bem verdadeiro do homem.

Respeito à dignidade humana é um dos pontos centrais deste pronunciamento, que independe da condição social do indivíduo, seja ele um simples cidadão, seja ele alguém investido de poder. Ou seja, colocar o homem no centro de toda atividade social. Destaca ainda que: "*Se a sociedade não quiser ser destruída a partir de dentro, deve estabelecer uma ordem social justa. Este apelo não é uma justificação da luta de classes –, pois a luta de classes é destinada à esterilidade e à destruição –, mas é um apelo à luta nobre em prol da justiça social na sociedade inteira*".

Em seu pronunciamento, João Paulo II faz um especial apelo a cada uma das diferentes categorias profissionais:

a) aos empresários, pede para priorizar o homem acima dos planos e projetos, por ser esse mesmo homem o construtor da sociedade.

b) aos cientistas e técnicos, lembra que a ética tem sempre a primazia sobre a técnica e o homem sobre as coisas.

c) aos trabalhadores, recorda que também são co-participantes na construção da sociedade, juntamente com aqueles que controlam a economia, a indústria ou a agricultura, desde que norteadas pelas exigências da lei moral – justiça, dignidade e amor.

d) aos profissionais da comunicação, pede para não filtrar as informações, no intuito de promover exclusivamente a sociedade da abundância, acessível apenas a uma minoria. Pede para defender o que é humano é permitir ao homem o *acesso à plena verdade*.

Resumo

Contraditoriamente, há progresso, mas o homem não progride. Nunca o homem teve ao seu dispor tão grande abundância de riquezas, possibilidades e poderio econômico. No entanto, uma parte significativa dos habitantes da Terra é atormentada pela fome e pela miséria lembrando ainda que inúmeros são os analfabetos. Nunca o homem teve um tão vivo sentido de liberdade como hoje, em que surgem novas formas de servidão social e psicológica.

Um dos estímulos necessários para o progresso do homem encontra-se na educação promovida na família, nas instituições religiosas, na escola e na universidade. A educação é de fundamental importância na formação de administradores voltados para a construção de uma sociedade mais humana e justa.

O progresso humano está diretamente associado ao interesse pela busca do conhecimento. O conhecimento é necessário para o exercício da liberdade, principalmente no mundo de hoje em que as pessoas estão sujeitas a pressões de toda a ordem e correm o perigo de se ver privadas da própria liberdade.

Atualmente, a humanidade cheia de admiração ante as próprias descobertas e poder debate, muitas vezes com angústia, as questões relativas à evolução do mundo, ao lugar e à missão do homem no universo, ao significado do seu esforço individual e coletivo, enfim, ao último destino das criaturas e do homem.

Constitui perfil essencial do homem sua vinculação e seu relacionamento com a verdade, com a responsabilidade pela verdade e com o testemunho prestado à verdade. Por causa de sua dignidade, o homem tem o dever moral de buscar a verdade e, uma vez conhecida, aderir à verdade. É bom destacar que, enquanto a Teologia "testemunha a verdade", a Filosofia "vai em busca da verdade".

Ainda imperam na atual sociedade a falsidade, a hipocrisia e a manipulação da opinião pública. Cientistas como Alvin Toffler chegam ao absurdo extremo de afirmar que "as verdades de ontem se tornam subitamente as ficções de hoje". E mais, há muita distorção da verdade social gerada por "estranhas inversões do mercado", onde somente os beneficiados do sistema econômico tornam-se vítimas e as vítimas tornam-se culpadas.

Sem acesso ao mercado de trabalho, os menores sobrevivem de modo ilegal (limpador, guardador, pequenos furtos). Estas atividades atrapalham a vida das pessoas de bem, das pessoas integradas ao mercado. Quando a sociedade se sente ameaçada por estas crianças, estas são de imediato rotuladas de culpadas mesmo sem cometer nenhum delito. São culpadas por delitos que por certo irão cometer. São condenadas antecipadamente. Estas manifestações demonstram o quanto a sociedade dominante despreza a declaração dos direitos do homem, as convenções, os acordos internacionais e as constituições. Somente a força é que conta.

A palavra possui extraordinária potência que pode transfigurar ou desfigurar o homem. E muitos executivos e intelectuais chegam a orgulhar-se em demonstrar sua total estupidez: *"A maior dor para mim foi perder aquilo que eu mais gostava na minha vida, que é o meu banco. Que me desculpe minha família"*; *"Não importa quantas pessoas você ofenda, desde que sua mensagem chegue aos consumidores"*; *"A paz, em alguns casos, é ruim para o avanço da ciência e da tecnologia"*. Por isso, *"Devo estar atento àquilo que estou falando e para quem estou falando"*.

O correto exercício do direito à informação exige que o conteúdo daquilo que é comunicado seja verídico e completo, compreendida a obrigação de evitar qualquer forma de manipulação da verdade, seja qual for o motivo. Torna-se necessário e indispensável combater a avidez, a vaidade, o desejo e a ambição desenfreados, bem como as técnicas que manipulam e exploram a fragilidade humana.

Referências Bibliográficas

1. DECLARAÇÃO *GRAVISSIMUM EDUCATIONIS*. Sobre a Educação Cristã. In: CONCÍLIO ECUMÊNICO VATICANO II. *Constituições, Decretos, Declarações, Documentos e Discursos Pontifícios*. 1ª ed. São Paulo: Paulinas, 1967, itens 5 ss – p. 339

2. DECLARAÇÃO *DIGNITATIS HUMANAE*. Sobre a liberdade religiosa. In: CONCÍLIO ECUMÊNICO VATICANO II. *Constituições, Decretos, Declarações, Documentos e Discursos Pontifícios*. 1ª ed. São Paulo: Paulinas, 1967, itens 5 ss – p. 411 – item 8.

3. II CONFERÊNCIA GERAL EPISCOPAL DE MEDELIN. *Conclusões de Medelin*, 1968.

4. IV CONFERÊNCIA DO EPISCOPADO LATINO-AMERICANO. *Nova Evangelização, Promoção Humana e Cultura Cristã – Jesus Cristo ontem, hoje e sempre*. Santo Domingo – item 5.

5. CONCLUSÕES DA III CONFERÊNCIA GERAL DO EPISCOPADO LATINO-AMERICANO. *Evangelizacão no presente e no futuro da América Latina*. Mexico: Puebla de los Angeles, 1979.

6. CONSTITUIÇÃO *GAUDIUM ET SPES*. *A condição do homem no mundo de hoje*. In: CONCÍLIO ECUMÊNICO VATICANO II. *Constituições, Decretos, Declarações, Documentos e Discursos Pontifícios*. 1ª ed. São Paulo: Paulinas, 1967, itens 3 – p. 506.

7. Idem – item 15.

8. DECLARAÇÃO *DIGNITATIS HUMANAE*. In: CONCÍLIO ECUMÊNICO VATICANO II. *Constituições, Decretos, Declarações, Documentos e Discursos Pontifícios*. 1ª ed. São Paulo: Paulinas, 1967, item 8.

9. CONCLUSÕES DA III CONFERÊNCIA GERAL DO EPISCOPADO LATINO-AMERICANO. *Evangelizacão no presente e no futuro da América Latina.* México: Puebla de los Angeles, 1979, item 1.9.

10. STO TOMÁS DE AQUINO. Vida e Obra. In: ANSELMO, Santo. *Sobre a Verdade*. Cap. XIV – p. 73. São Paulo: Editora Nova Cultural, 1996.

11. Idem – p. 74.

12. STO TOMÁS DE AQUINO. Vida e Obra. In: AGOSTINHO, Santo. *Solilóquios*. Cap II e III. São Paulo: Editora Nova Cultural, 1996.

13. ________________________. Vida e Obra. In: AGOSTINHO, Santo. *Sobre a Verdadeira Religião*. Cap XXXI. São Paulo: Editora Nova Cultural, 1996, p.74 e75

14. Idem.

15. STO TOMÁS DE AQUINO. Vida e Obra. In: AGOSTINHO, Santo. *Sobre a Verdadeira Religião*. Cap XXXVI. São Paulo: Editora Nova Cultural, 1996, p. 80 a 83.

16. STO TOMÁS DE AQUINO. *Vida e Obra.* São Paulo: Editora Nova Cultural, 1996, p. 85.

17. Idem, p. 97.

18. Idem, p. 99.

19. Idem, pp.101-102.

20. STO TOMÁS DE AQUINO. *Vida e Obra.* São Paulo: Editora Nova Cultural, 1996, pp. 136-138.

21. JOÃO PAULO II, Papa. *Sinal de Contradição: meditações*. São Paulo: Paulinas, 1979.

22. PADOVANI, Martin H. *Curando as Emoções Feridas: vencendo os males da vida*. São Paulo: Paulus, 1994, pp. 121-130.

23. *O São Paulo* de 8/12/1999. *"A Igreja deve transmitir a verdade"*.

24. SUNG, Mo Sung. *Economia & Teologia*. São Paulo: Editora Vozes, 1995.

25. JOÃO XXIII, Papa. *Encíclica Mater et Magistra sobre a Evolução da Questão Social*. São Paulo: Paulinas, 1962.

26. SCHWARTZ, David J. *A Mágica de Pensar Grande*. 9ª ed. Rio de Janeiro: Record, 1994, pp. 60-61.

27. *VEJA* de 19/5/1999.

28. *EXAME* de 6/11/1996. *Nota*: Na gestão de Roberto Goizueta (1981 e 1997), o capital da Coca-Cola passou de 4 bilhões para 130 bilhões de dólares. Posteriormente, sob o comando de Douglas Ivester, o valor das ações despencou. Em dois anos, Ivester perdeu o posto. (*Revista Veja* Edição 1.703 de 6/6/2001 – Economia e Negócios Empresa).

29. *EXAME* de 6/11/1996.

30. *EXAME* de 1/1/1997.

31. *VEJA* de 17/4/1996.

32. *EXAME* de 6/11/1996.

33. DOCUMENTO DO PONTIFÍCIO CONSELHO PARA AS COMUNICAÇÕES SOCIAIS. *Ética da Publicidade*. São Paulo: Paulinas, 1997.

34. DECRETO INTER MIRIFICA SOBRE OS MEIOS DE COMUNICAÇÃO SOCIAL. In: CONCÍLIO ECUMÊNICO VATICANO II. *Constituições, Decretos, Declarações, Documentos e Discursos Pontifícios*. 1ª ed. São Paulo: Paulinas, 1967.

35. DOCUMENTO DO PONTIFÍCIO CONSELHO PARA AS COMUNICAÇÕES SOCIAIS. *Ética da Publicidade*. São Paulo: Paulinas, 1997.

36. JOÃO PAULO II, Papa. *Discurso aos representantes do mundo das comunicações sociais*. Los Angeles, 15/9/1987.

37. PAULO VI, Papa. *Mensagem para o Dia Mundial das Comunicações Sociais de 1977*.

38. DOCUMENTO DO PONTIFÍCIO CONSELHO PARA AS COMUNICAÇÕES SOCIAIS. *Ética da Publicidade*. São Paulo: Paulinas, 1997.

39) JOÃO PAULO II, Papa. *Discurso feito em Salvador, BA em 7/7/1980*. 2ª ed. São Paulo: Paulinas, 1980, pp. 2216-226.

5

Ética nas Organizações

"Às crianças é devido um respeito sem fim. No momento de realizar uma má ação, não te esqueças da idade do teu filho. Que a lembrança de sua infância possa paralisar tua ação."

Giunio Giovenale

Introdução

Objetivos deste capítulo:

1) apresentar noções fundamentais de Antropologia Clássica;
2) mostrar que o homem é um ser relacional e que se reconhece como um ser ético, capaz de agir segundo os critérios do bem e do mal, e não apenas pelos critérios do lucro e do prazer;
3) mostrar que a fundamentação da ética é um dos problemas centrais da atual civilização humana;
4) alertar que, com o uso indiscriminado, o termo ética está se tornado vulgar;
5) apresentar as diferenças que há entre lei, moral e ética;
6) demostrar a plena associação do pluralismo com o universalismo, respeitando o particularismo;
7) identificar a associação da inculturação com as diferenças culturais.

1. Noções de Antropologia Clássica[1]

O homem pode ser conceituado de diversas maneiras. Identificam-se tantas antropologias quantas forem as diferentes visões que se tem do ser humano. Para os antigos, "o homem é fundamentalmente um ser que esquece". Evidentemente, não se trata aqui do esquecimento periférico, do tipo esquecer o dia de sacar a poupança ou os resultados obtidos pelo seu time predileto. Mas do essencial: O que é ser homem? De onde venho? Para onde vou? O que é a felicidade? Este misto de desatenção e esquecimento acabou por criar uma crise de caráter espiritual, de orientação, de sabedoria e de moral.

1.1. Moral e Realização Profissional

Hodiernamente, fala-se muito em ética e moral, lembrando que a moral foi precisamente uma das realidades abolidas pela geração contestatária na década de 1970. Nem todos têm uma idéia clara do que entendem por moral ou do porquê da ética. O homem de hoje tem dificuldades para compreender o verdadeiro sentido da moral, porque associa o tema a limitações da liberdade individual feita pela sociedade ou pela Teologia.

Para Tomás de Aquino, a moral é entendida como um processo de auto-realização do homem. Lembre-se de que para caracterizar a ética, estamos falando da realização (no singular), e não das realizações nos diversos aspectos da vida humana. Nossa época, tão sensível para as realizações, anda um tanto esquecida da realização (realização profissional).

Considerando que o "agir humano" é um problema fundamentalmente antropológico (realização da pessoa humana) e também uma questão teológica (realização da pessoa humana à luz da fé), e considerando, ainda, que a Moral está inter-relacionada com as outras ciências que, igualmente, tratam da pessoa humana, tais como a Antropologia Cultural, a Sociologia, a Psicologia, a História, dentre outras, conclui-se que a Moral é a ciência do agir humano. Daí decorre que a realização profissional deva subordinar-se à moral.

O taylorismo, ao fundamentar a Administração Científica caracterizada pela divisão do trabalho, levou a sociedade a pensar que uma ação, por trazer o rótulo de trabalho, estaria legitimada moralmente. Essa atitude de esquecimento da ética levou a desastrosas conseqüências, como a descrita por Oppenheimer, referindo-se à sensação que experimentaram alguns físicos que trabalhavam na produção da bomba atômica: *"From a technical point of view it was a sweet and lovely and beautiful job"*, "do ponto de vista técnico, foi um trabalho prazeroso, belo e fascinante".

Assim, a ética tomista é dirigida ao homem espírito unido à matéria, ao ser-em-potência. O desacerto moral, o vício, o pecado, é, nesse contexto, precisamente uma voluntária recusa a seguir leis que estão na natureza humana. Desta maneira, o agir contra a moral adquire um caráter de auto-agressão. Por exemplo, alguém que venha a pautar a sua vida pela máxima: *"Amar-me a mim mesmo sobre todas as coisas!"* estaria violando uma lei natural referente à natureza humana.

De acordo com S. Tomás de Aquino, a virtude é um hábito. E hábito é uma qualidade adquirida, ela não se dá espontaneamente, mas com o tempo e com a auto-educação. Portanto, afirma S. Tomás: *"As virtudes nos aperfeiçoam para que possamos seguir devidamente nossas inclinações naturais"*. Daí decorre, então, a doutrina das Virtudes Cardeais: *Prudência*, *Justiça*, *Fortaleza* e *Temperança*.

A *Prudência* é considerada *genitrix virtutum*, a genitora das virtudes. Torna-se estranho, por exemplo, praticar a Justiça, a Fortaleza ou a Temperança sem ser prudente. Considerando que ninguém pode tomar uma decisão justa se não conhece a realidade, a realização do bem concreto pressupõe sempre o conhecimento da realidade; por outras palavras: o agir humano é bom e ordenado quando procede da verdade, que afinal nada mais é que o vir-a-encarar a realidade. É a busca da verdade. Para Tomás, a Prudência é *"a arte de decidir-se corretamente"*. Só quem domina esta arte pode ser considerado um homem moralmente maduro e adulto. Como afirma o evangelho: *"Se o olho é sadio, o corpo inteiro fica iluminado"* (Mt 6,22).

A *Justiça,* como virtude, é considerada a "arte de conviver", em que cada um recebe o que lhe é devido. A Justiça representa a vontade constante de dar a cada pessoa, com quem nos relacionamos, aquilo que lhe é devido. Assim, como é devido ao trabalhador o justo salário, a qualquer pessoa é devida a honra e o respeito humano. Garantir e proteger esse direito é o sentido intrínseco do Poder. Quando o Poder não cuida da Justiça, ocorre a injustiça, e não há injustiça mais desesperadora do que o uso injusto do poder.

Empenhar-se pela realização do bem contra o poder do mal, eis aí o ato da virtude da *Fortaleza*. Empenhar-se não significa aqui um agir qualquer, mas um agir pelo qual está disposto a sofrer um prejuízo. Os antigos consideravam como a parte essencial da Fortaleza o resistir, e não o atacar.

Temperança é precisamente a realização da ordem interna da pessoa. Convém lembrar que temperança não significa realizar a ordem interna com passividade, e que a ira (ou raiva) não pode ser considerada como vício; ela é uma emoção que deve ser expressada pelo homem. A raiva é indispensável para os relacionamentos humanos saudáveis, por tratar-se de uma emoção benéfica. Jesus ficava às vezes irado com os escribas e os fariseus, bem como com seus próprios discípulos, e expressava sua ira. Ele atacou os escribas e fariseus: *"Ai de vós, escribas e fariseus hipócritas"*. Reprimir a raiva é uma das coisas mais perigosas que podemos fazer a nós mesmos. A raiva fora de controle transforma-se em algo mal, em ódio.

1.2. Ethos e Antropologia Clássica

Inicialmente, vamos examinar a Psicologia como parte da filosofia que estuda a vida e a alma, isto é, um ente dotado de alma. Em grego, *psyché* significa alma, daí o nome *Psicho-logia*, estudo da alma. Normalmente, quem pensa em Psicologia pensa em aconselhamento, em terapia, aplicação de testes de inteligência ou de personalidade em orientação vocacional.

A Psicologia de Aristóteles emergiu como uma reação de equilíbrio e moderação ante o exagerado espiritualismo da Antropologia de Platão. O homem, para Platão, seria primordialmente espírito, e o corpo seria um mero cárcere do espírito. Do ponto de vista aristotélico, há no homem uma união intrínseca de espírito e matéria. Mas, há também no homem uma transcendência do âmbito meramente biológico: a inteligência e a vontade.

A *inteligência* humana transcende o âmbito do sensível e do concreto e atinge o abstrato e universal. Por isso, ela é uma faculdade espiritual. O objeto próprio da inteligência humana é a essência abstrata das coisas sensíveis. Esta capacidade da inteligência de apreender o universal e abstrato abre um mundo sem fronteiras para o conhecimento.

Para São Tomás de Aquino: *"O intelecto humano, que está acoplado ao corpo, tem por objeto próprio a natureza das coisas existentes corporalmente na matéria. E, mediante a natureza das coisas visíveis, ascende a algum conhecimento das invisíveis"*. Por outras palavras, a alma necessita do corpo para conseguir o seu fim, na medida em que é pelo corpo que adquire a perfeição no conhecimento e na virtude.

A *vontade* é a faculdade apetitiva espiritual do homem, o apetite que decorre do conhecimento intelectual. Apetite é a tendência a aproximar-se do bem, daquilo que o conhecimento apresenta como bem e afastar-se do mal, daquilo que o conhecimento apresenta como um mal. A *vontade* segue a inteligência.

Portanto, de acordo com S. Tomás de Aquino, o *ethos* humano é sempre identificado com a verdade existencial do homem. Não é uma medida objetiva para avaliar o comportamento, mas é resposta dinâmica da liberdade pessoal à verdade e à autenticidade existencial do homem.

O homem não é só indivíduo biológico. Cada ser humano é uma pessoa única, original e irrepetível. É uma alteridade essencial. Todos os homens possuem uma natureza ou essência comum (humanidade), mas que existe somente como alteridade pessoal. A humanidade se realiza em cada homem concreto: pessoa humana. A alteridade é a expressão da sua estrutura corpórea, da palavra, do pensamento, da sua capacidade criativa do seu amor. Convém lembrar que pessoa e indivíduo têm significados opostos. O indivíduo é a negação ou ignorância da alteridade da pessoa, a tentação de definir a existência humana mediante propriedades objetivas, mediante analogias e comparações quantitativas. Por outro lado, a pessoa ou a alteridade pessoal constitui a imagem e semelhança de Deus. Alteridade de Deus é notória quando fala a Moisés na sarça ardente: *"Eu sou aquele que É"* (Ex 3,14).

2. Desafio da Humanização do Homem

Dentro de uma visão socioteológica, o homem é um ser social e espiritual; é um ser relacional. Ele é um ser carente que sempre depende do outro. Quando o homem olha para o seu Criador, ele sente necessidade de submeter-se aos seus princípios. Isto é, o homem sente necessidade de criar princípios objetivos para nortear a sua vida e a vida do grupo.

Como os filósofos são os primeiros a influenciar diretamente na construção do pensamento da administração, torna-se necessário entender *o que é Filosofia?* Como Pitágoras achava ambiciosa a denominação de *sophós* – sábio – para homens que buscavam a sabedoria, ele a substitui por *philósophos* (*phílos* = buscar + *sophós* = sábio) que significa aquele que busca a sabedoria. Logo, Filosofia é *amor à sabedoria* ou a *busca da verdade*, conseqüentemente, o verdadeiro filósofo é aquele que busca e ama a sabedoria, a verdade. Se a sabedoria é Deus, por quem todas as coisas foram feitas, diz Platão, o verdadeiro filósofo é aquele que *ama Deus*, filosofar é amar a Deus.

Etimologicamente, Teologia, provém da expressão grega *Theologia* (*Theo* = Deus e *logia* = ciência) que significa Ciência de Deus. Como o objeto da Teologia é Deus que se revela ao homem, o conteúdo desta revelação torna-se o objeto da Teologia. Sendo Deus um mistério de relações interpessoais, a revelação básica que Cristo faz é o da *unicidade* e o da *trindade*. Deus é bondade por excelência. A Teologia vai tratar desse processo de revelação. Partindo dos dados da revelação, a Teologia vai tirar as conclusões que possibilitem um melhor entendimento da revelação do homem. Convém lembrar que, como a história da humanidade é uma só, a história da salvação está inserida nela. Assim, a

Teologia vai estudar as relações do homem com Deus e com o universo. Deus, ao dar um mundo inacabado, possibilita ao homem participar desse processo. O homem passa a ser assim o co-autor da história. Porém, dominado pela ambição e pelo egoísmo, utiliza mal a liberdade que lhe fora conferida, fazendo com que a sua participação desorganizasse o plano original de Deus. Coube, então, a Cristo *testemunhar* a verdade ao revelar o sentido da vida e dar sentido à vida.

Assim, dentro da visão humanista, fundamentada na Teologia e na Filosofia, a Ética forma a pirâmide que vem dar consistência ao "estudo dos juízos de apreciação, referentes à conduta humana". Daí, considerar-se a Ética como sendo a *práxis da Filosofia*, isto é, a Filosofia prática utilizando máximas e provérbios.

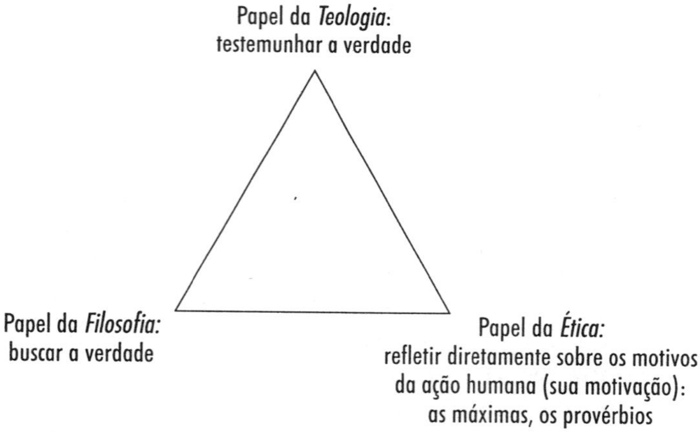
Papel da *Teologia*:
testemunhar a verdade
Papel da *Filosofia:*
buscar a verdade
Papel da *Ética:*
refletir diretamente sobre os motivos
da ação humana (sua motivação):
as máximas, os provérbios

Portanto, não é tarefa da Ética refletir diretamente sobre nossas ações, mas sobre os motivos das nossas ações (ou sua motivação): *as máximas, os provérbios*. E o que é Provérbio? Provérbio é uma frase curta, bem construída, que expressa uma verdade adquirida através da experiência e que se impõe pela forma breve e pela agudez das observações. Os provérbios são ensinamentos deduzidos da experiência que o povo tem da vida, e sua finalidade é instruir, esclarecendo situações de perplexidade e fornecendo orientações para a vida humana. Portanto, os provérbios são sentenças simples, em geral bem mais profundas do que longos tratados sobre os diversos problemas da existência do ser humano (Cf. Pr 1, 1-7). O ser humano não consegue viver sem leis que regulamentem a sua vida.

Com bem lembra a Conferência Nacional dos Bispos do Brasil – CNBB, *"a sociedade vive atualmente uma profunda crise ética, marcada pela falta de honradez na vida política, profissional e particular, aumentam, assustadoramente, os níveis de violência, discriminação social, abuso de poder, corrupção, permissivismo, cinismo e impunidade. A deformação das consciências chegou a tal ponto que aceitam 'normal' ou 'inevitável' o que não tem nenhuma justificativa ética"*[(2)].

Um dos maiores desafios da sociedade, neste terceiro milênio, é o de resgatar os valores morais, legais e éticos, em todos os seus níveis. Para tanto, torna-se indispensável incentivar a descoberta de novos padrões que conduzam a comportamentos moralmente corretos e socialmente construtivos, voltadas para uma renovação da consciência pessoal e pública. *"O homem se reconhece como um ser ético, capaz de agir segundo os critérios do bem e do mal, e não apenas pelos critérios do lucro e do prazer."*

Torna-se indispensável incentivar a descoberta de novos padrões que conduzam a comportamentos moralmente corretos e socialmente construtivos, voltadas para uma renovação da consciência pessoal e pública.

Para Oliveira[(3)], a fundamentação da ética é um dos problemas centrais da atual civilização humana. A humanidade conquistou a possibilidade efetiva da manipulação genética, e hoje já se fala de "poluição genética", apontando-se para a possibilidade de controle sobre os nascimentos e as características humanas. As atuais descobertas já permitem a clonagem humana e intervenção no código genético, caracterizando, assim, o controle sobre a vida através da exclusão de seres humanos indesejáveis.

Segundo Oliveira, a sociedade já está vivenciando a plena época da procriação artificial através da tecnificação da reprodução humana. E agora? pergunta Oliveira. Vai emergir um mercado negro da eugenia? A sociedade vai aprovar a intervenção nas características humanas e o "controle de qualidade" das gerações futuras? Para Oliveira, *vivemos hoje em dia uma grande crise da razão.*

Convém lembrar que o ser humano não é um ser acabado, completo. É um projeto, cuja existência é um permanente processo de complementação. O humano no homem não é um dado biológico fixo, mas um patamar de existência a ser conquistado. Não se encontram pessoas completamente satisfeitas com seu estado atual ou situação de vida. A satisfação de uma aspiração é o trampolim para o desejo de uma nova situação. É assim com o salário que se recebe, com o círculo de relações que se cultiva, com a casa em que se vive, com os conhecimentos que se têm.

Até mesmo a extensão da vida humana biológica e insatisfatória: aspira-se à eternidade. A humanização se faz na mudança para o crescimento. É pela negação do estado atual de coisas que cada indivíduo humano complementa-se e cresce. A humanização se dá pelo suprimento de necessidades que sentimos, quando fazemos algo como nosso atual estado"(4).

Portanto, o desafio da humanização da administração requer que o ser humano seja fiel no cumprimento de seus deveres que execute com competência as tarefas a ele designadas, sejam simples, sejam complexas. Convém lembrar que, à luz da Teologia, qualquer coisa que se faça, por menor que seja, é um passo à frente no desenvolvimento da humanidade.

Desempenhe com capricho e amor todas as tarefas que recebe, embora pareçam insignificantes. Qualquer coisa que esteja fazendo, por menor que seja, é um passo à frente em seu progresso. Realize suas tarefas todas, como se delas dependesse – como de fato depende – todo o seu futuro.

3. Vulgarização da Ética

A ética é um tema importante no contexto empresarial, e, atualmente, está ganhando cada vez mais espaço na abordagem organizacional. Devido a sua utilização indiscriminada, o termo ética está sendo muito banalizado. Atualmente, encontramos dois usos para a palavra ética: no sentido *substantivo*, que está sendo objeto de nossa análise neste capítulo, ou como *adjetivo*.

Está muito difundido, hoje em dia, a utilização da ética como *adjetivo*, quando fazemos afirmações do tipo: "isto não é ético", "produtos éticos", "mercado ético", e muitas outras terminologias modistas. A ética foi transformada pela ciência racionalista em um item de prateleira. Cada um busca e utiliza o conceito que se ajusta aos seus interesses. É como se uma pessoa fosse a uma loja e escolhesse o tipo de sapato que deseja e o número que se ajusta melhor aos seus pés. É a busca da ética da conveniência. Se não existir o sapato (a ética) desejado, cria-se. Vamos, então, comparar os conceitos de ética apresentados por diferentes cientistas da administração.

Segundo Richard L. Daft, *"ética é o conjunto de princípios e valores morais que regula o comportamento de uma pessoa ou de um grupo em relação ao que é adequado ou inadequado. Os valores éticos estabelecem padrões em relação ao que é bom ou mau na conduta e nas decisões".*[(5)]

Nesta conceituação, já se constata a confusão entre ética e moral, quando o autor define a ética como um conjunto de princípios e valores morais. Apesar de estarem correlacionadas, a ética não substitui a moral, ou seja, não são palavras sinônimas.

Afirma Stoner: *"Alguns escritores fazem... distinção entre ética e moral, mas nós acreditamos que isso gera confusões desnecessárias, de modo que definiremos ética de maneira ampla e simples – como o estudo do modo pelo qual nossas decisões afetam as outras pessoas. Também é o estudo dos direitos e dos deveres das pessoas, das regras morais que as pessoas aplicam ao tomar decisões, e da natureza das relações entre as pessoas"*[(6)].

Como se pode observar, Stoner, simplesmente, relega a um segundo plano a importância de uma correta e adequada conceituação de ética. Ele julga dispensável e desnecessário o aprofundamento sobre este tema. E mais, generaliza o conceito de ética, misturando-o com os conceitos de lei e de moral.

Para a ética, ele adota uma análise racionalista, cria uma lógica específica, ao afirmar que: *"Definiremos ética de maneira ampla e simples..."* e, a partir desta lógica, desenvolve todo seu raciocínio sobre a responsabilidade social e a ética das organizações.

Finalizando, Stoner relativisa tudo: ética, moral e cultura. De uma forma ininteligível, confundindo ética com moral, ele afirma que: "*O relativismo moral parece implicar que, já que certo e errado são relativos a quem está tomando a decisão, há apenas respostas individuais a qualquer questão moral*".

Ele também sugere que o argumento moral construtivo é impossível, já que cada pessoa fará o que é certo para si própria. Ainda que agonizemos sobre problemas morais, não temos uma forma garantida de decidir se uma decisão é moralmente melhor do que outra.

De fato, Stoner adota uma abordagem extremamente racionalista, ao afirmar simplesmente que "*o argumento moral construtivo é impossível*". Ele está dando à ética e à moral um tratamento eminentemente individualista, ao adotar o egocentrismo, isto é, o indivíduo fará o que é certo para si próprio, o que ele acha que é certo.

Dentro desta ótica, Stoner considera o ser humano como o dono da verdade, o dono da sua verdade particular. Uma verdade inteiramente subjetiva, onde o que é verdade para uma pessoa não o é para outra. Este assunto foi tratado com maior profundidade no Capítulo 4, onde vimos que a verdade não é subjetiva; ela é objetiva, mesmo porque o ser humano não é o dono da verdade. Ele deve testemunhar a verdade, a verdade objetiva, universal, independentemente de raça, cor ou religião.

Para Bateman, "*todas as decisões éticas são guiadas pelos valores subjacentes de cada pessoa. Valores são princípios de conduta como proteção, honestidade, responsabilidade, manutenção de promessas, busca de excelência, lealdade, justiça, integridade, respeito pelos outros e cidadania responsável*".(7)

A maioria das pessoas concorda que todos esses valores constituem linhas de conduta admiráveis para o comportamento. Entretanto, a ética torna-se questão mais complicada quando a situação exige que um valor preceda os outros. Assim ética é o sistema de regras que governa a ordenação de valores"(7).

Concluindo, Bateman aponta como principais sistemas éticos o universalismo e o utilitarismo.

A proposta de Bateman é conflitante e apresenta aspectos incompreensíveis ao afirmar que: *"As pessoas devem escolher entre valores conflitantes calculando o total de bondade (e de maldade) que poderia resultar de cada ato específico. Desse modo, o bem-estar societal é maximizado. Esse padrão ético é relativo porque em uma situação a honestidade pode prevalecer enquanto em outra a lealdade poderia anular a necessidade de honestidade"*.

A afirmação de Bateman conduz ao raciocínio lógico de construção de um padrão de mensuração, onde bondade e maldade podem ser quantificadas, para assim chegar à maximização do bem-estar da sociedade. E a interpretação fica ainda mais confusa, quando ele tenta explicar que a honestidade pode, em determinadas situações, ser descartada, anulada pela lealdade.

E este mar de confusão se aprofunda ainda mais, quando Bateman trata da Ética nos Negócios. Não há consistência nas idéias ao afirmar que: *"Nem os administradores jovens nem os consumidores acreditam que os altos executivos estejam realizando um bom trabalho ao estabelecer altos padrões éticos. Alguns, inclusive, brincam que ética nos negócios tornou-se uma contradição de termos"*. Em outro trecho, afirma Bateman: *"As questões éticas fundamentais em negócios são as mesmas daquelas em qualquer outro contexto. Entretanto, a situação pode ser mais complexa para os tomadores de decisão empresarial que agem no interesse de outros muito mais do que segundo seu próprio interesse. Assim, os tomadores de decisões empresariais devem, de algum modo, mesclar seu sistema ético pessoal com os valores e critérios de desempenho da organização. Além disso, os interesses, muitas vezes, parecem maiores nos negócios porque a decisão pode afetar muitos grupos de pessoas de maneira profunda"*.

Por falta de clareza nas colocações, podemos depreender que Bateman considera duas éticas distintas e conflitantes: a ética pessoal e a ética dos negócios. De fato, em um regime de capitalismo selvagem, as éticas pessoal e profissional relativistas são, por natureza, conflitantes. Já em uma Economia de Comunhão (EdC), este conflito inexiste. Este assunto é examinado com profundidade no Capítulo 8 deste livro.

Segundo Andrew J. Dubrin, *"a ética – nos negócios – é o estudo da obrigação moral, ou a separação do certo e do errado. Uma perspectiva útil na compreensão da ética nos negócios é a intensidade moral ou a magnitude de um ato não-ético*". Nesta análise, Andrew confunde a ética objetiva com a ética subjetiva. Além disso, há ainda uma confusão de ética com lei, como é o caso desta exemplificação, quando ele menciona que: "...*uma ação ilegal antiética é dar suborno a um funcionário do governo...*".(8)

Neste exemplo, fica bem evidenciada a confusão entre lei e ética. Não existe e nunca existiu suborno ético ou antiético. Suborno é corrupção, logo é uma ação ilegal sujeita à punição com reclusão.

4. Princípio Norteador da Reflexão Ética

Para Oliveira(9), o homem é o ser de decisões inevitáveis: toda sua vida é uma seqüência de decisões, em que se põe diante de alternativas diversas em relação a suas ações, através do que ele toma posição a respeito da orientação de fundo de seu existir. Ele não se encontra simplesmente preso à conexão natural; não está já plenamente determinado em sua essência, mas é posto no "aberto", o que significa que sua vida é, fundamentalmente, tarefa, isto é, a da construção de si mesmo.

Segundo Oliveira, a primeira e inevitável tarefa do homem é dar a si mesmo uma configuração específica de si mesmo e, portanto, abrir para si o espaço das diferentes possibilidades de sua própria realização. Para Oliveira, ser dado a si mesmo como tarefa é o que constitui o sentido fundamental da liberdade, que é tão central em seu ser que não é dado ao homem usar ou não usar desta possibilidade, pois mesmo a renúncia à configuração de seu ser já é uma decisão. Portanto, conclui Oliveira, enquanto ser da liberdade, o homem é o ser da decisão e, conseqüentemente, do risco e da história como o espaço de sua possível efetivação.

De acordo com Oliveira, dizer que o homem é o ser que não tem seu próprio ser garantido e que ele tem que buscá-lo em suas próprias ações implica dizer que uma primeira e inevitável pergunta é: que ações efetivam meu ser? Que decisões me efetivam verdadeiramente? Qual a razão de minhas preferências? Por outras palavras: como justifico o que faço?

Para responder a esta pergunta, Oliveira apresenta os modelos básicos de resposta à questão fundamental da justificação das ações humanas:

a) o modelo do realismo;

b) o modelo do empirismo;

c) o modelo do ceticismo;

d) o modelo transcendental.

Quanto ao modelo do realismo, segundo Oliveira, "em tudo que ele faz, o homem busca um bem", mas pertence à vida humana um bem supremo, "o bem em si mesmo". Assim, a reflexão ética vê o que lhe vem ao encontro na luz do bem enquanto tal, pois tudo é medido no que diz respeito a sua contribuição à felicidade do homem.

Neste modelo, o empirismo é aquela postura que se caracteriza, antes de tudo, por seu interesse no particular. O problema fundamental é a questão da validade, uma vez que o empirismo só reconhece a experiência como fonte de legitimação. Devido à ausência de um princípio próprio, o modelo do empirismo lança mão do princípio de utilidade; aquele princípio que aprova ou desaprova qualquer ação, segundo a tendência que tem a aumentar ou a diminuir a felicidade da pessoa cujo interesse está em jogo, uma vez que o bem-estar da comunidade é problema unicamente do governo.

Quanto ao modelo do ceticismo, segundo Oliveira, já que tudo provém da experiência e a experiência só nos fornece dados, sempre particulares e contingentes, então, em princípio, tudo é questionável, tudo é contingente. Nada há de absoluto, nada existe de verdadeiro. Não é a razão, mas a vontade a instância última de decisão sobre os valores e sobre a verdade. Assim, todo o nosso conhecimento universal reduz-se, então, ao hábito. Logo, o critério fundamental de nossos julgamentos morais é se as ações são úteis ou agradáveis.

Conforme afirma Oliveira, a ética transcendental vai contrapor-se a todo tipo de relativismo, ceticismo e dogmatismo em ética. É preocupação do modelo transcendental fundamentar um princípio moral, uma regra suprema de discernimento e julgamento para o agir ético dos homens. Ou seja, estabelecer um princípio de moralidade à luz da qual se possa julgar a validade das normas que levantam a pretensão de regrar as ações humanas através das "máximas" de nossas ações. Não é tarefa da ética refletir diretamente sobre nossas ações, mas sobre sua motivação: as máximas, os provérbios.

4.1. Moral e Lei – Diferenças e Semelhanças

Uma fonte de água potável só jorra água potável. Que bom seria se da boca do homem saísse só palavras que transfigurassem o ser humano. É maior o número de pessoas que pronuncia palavras que desfiguram do que o que pronuncia palavras que transfiguram.

As ações humanas tanto podem ser boas (ou eficazes) quanto más (ineficazes). Só a prática de atividades boas contribuem para a plena realização humana.

De acordo com Antonio R. Santos[10]: *"O julgamento e a conseqüente indicação ou escolha das ações se faz pela noção de justiça, entendida como o critério distributivo do bem (das possibilidades de realização). E, uma ação é julgada boa, porque justa, isto é, distribui o bem de maneira satisfatória; é má, porque injusta, isto é, distribui o bem de maneira insatisfatória ou danosa à realização humana".* Portanto, *moral* é o conjunto de hábitos e costumes, efetivamente vivenciados por um grupo humano.

Compete sempre ao grupo estabelecer padrões para a utilização de hábitos/costumes, bem como os limites para sua boa ou má utilização. Julga-se, a partir daí, moral a boa utilização e imoral a má utilização dos hábitos e costumes disponíveis no meio cultural.

Considerando que a família é a sociedade em sua dimensão minúscula e a sociedade é a família em sua forma ampliada, a primeira forma de agrupamento humano é a família solidamente constituída. Uma família bem constituída é aquela que apresenta um comportamento oposto ao de uma família em que impera a maledicência, a discórdia, a desunião: *"Tal mãe, tal filha! Você é bem a filha da sua mãe, que detestava o mari-*

do e os filhos. Você é bem irmã das suas irmãs, que também detestavam os maridos e os filhos" (Ez 16, 44ss).

A organização é também um agrupamento humano, que do ponto de vista organizacional possui seus hábitos e costumes inerentes, possui a sua Cultura Organizacional. Diante das inúmeras organizações que não respeitam a ética, a lei e a moral, que critério usar para estabelecer se esta ou aquela organização serve de referencial como empresa moralmente aceita pela sociedade?

Estamos, aqui, considerando como referencial as empresas que operam em uma Economia de Comunhão, aquelas que, verdadeiramente, utilizam critérios de dignidade humana para discernir como moral a boa utilização dos hábitos e costumes disponíveis no meio cultural.

Moral é o conjunto de hábitos e costumes, efetivamente vivenciados por um grupo humano

Para Antonio R. Santos, *"Leis são acordos de caráter obrigatório, estabelecidos entre pessoas de um grupo, para garantir justiça mínima ou direitos mínimos do ser humano"*[(10)]. Em uma organização, o parâmetro financeiro que fixa a valorização mínima para o trabalho humano denomina-se "salário mínimo". Naturalmente, este parâmetro de salário mínimo deve adequar-se à "justa remuneração pelo trabalho"[(11)], isto é, aquela remuneração que possibilite ao indivíduo sustentar a si e a sua família, permitindo-lhe, ainda, formar uma reserva para constituir seu patrimônio, cujo objetivo é o de reduzir cada vez mais as desigualdades sociais, que hoje em dia constituem um grande escândalo.

Importante ressaltar que a lei não é a justiça, ou seja, o cumprimento da lei não é o máximo que os indivíduos conseguem desenvolver em prol da própria realização. É apenas um instrumento para fazer justiça, enquanto encarregada de garantir justiça mínima. Leis são acordos de caráter obrigatório estabelecidos para garantir justiça mínima ou direitos mínimos do ser humano. Apresentamos, a seguir, os quadros comparativos entre Lei e Moral.

Semelhanças entre Lei e Moral

Lei e Moral	São ambas instrumentos de justiça.
Lei e Moral	São humanas, pois se originam das necessidades humanas.
Lei e Moral	São históricas, pois são estabelecidas a partir de necessidades historicamente despertadas.
Lei e Moral	São sociais, pois se apresentam como forma de organização da convivência humana.
Lei e Moral	São questionáveis, pois valem somente enquanto capazes de promover o bem do homem.
Lei e Moral	Lei e moral dependem de instituições sociais que cuidem de sua preservação.

Fonte: Santos, Antonio Raimundo. *Ética – Caminhos da Realização Humana.* 1ª ed. São Paulo: Editora Ave-Maria, 1997.

Diferenças entre Lei e Moral

Lei e Moral	A lei é um instrumento formal, escrito e promulgado. A moral é um instrumento informal de justiça.
Lei e Moral	A lei apresenta-se como sistema jurídico único para um grupo, passível apenas de interpretações variáveis. A moral apresenta-se com possibilidades de variações no âmbito de um mesmo grupo.
Lei e Moral	A lei, ao ser rejeitada e transgredida, impõe penalidades concretas ao transgressor. A moral, ao ser rejeitada por um indivíduo, provoca apenas a equivalente rejeição do grupo e o eventual mal-estar típico ao transgressor.
Lei e Moral	A lei é imposta para o cumprimento obrigatório de todos os indivíduos do grupo. A moral é indicada como conteúdo bom ou mau a ser escolhido pelos indivíduos do grupo.

Fonte: Santos, Antonio Raimundo. *Ética – Caminhos da Realização Humana.* 1ª ed. São Paulo: Editora Ave-Maria, 1997.

Lembre-se: *"Os que abandonam a Lei elogiam o injusto; os que observam a Lei rompem com ele"* (Pr 28,4). *"O orgulho do homem o humilha, mas espírito humilde torna-se honrado"* (Pr 29, 23).

4.2. Desafios da Ética

De acordo com Oliveira, a sociedade moderna é interpretada como uma sociedade em que desapareceu a unidade do sentido na vida humana. Há uma variação ilimitada de normas éticas de acordo com as culturas, etnias, raças, sexos e idades, o que significa dizer que, para a mentalidade vigente no atual mundo pluralista, é impossivel existir normas e princípios éticos universais.

Afirma Oliveira que a normatividade do agir humano se liga ao código genético, à fisiologia e à endocrinologia. Não existe o homem em geral, conseqüentemente, não existem princípios universais que possam reger a vida humana. Por isso, o pluralismo não é considerado apenas um fato, mas um valor a ser defendido e respeitado como uma força de libertação da vida humana.

Cada cultura é o produto do gênio de cada povo. Logo, uma ética pensada para todos os homens é uma abstração e termina sendo uma ética para ninguém. Cada cultura, cada raça tem sua maneira própria de compreender e articular o sentido da vida humana, e daí decorrem éticas fundamentalmente diferentes.

Toda ética é fruto de uma maneira determinada de articular as relações dos homens entre si. A história é o lugar da revelação da criatividade humana, é o lugar do pluralismo, da diversidade, todos de igual valor em princípio, e é nesta pluralidade que o homem se faz homem. O pluralismo é a única postura capaz de salvar a criatividade histórica que caracteriza o homem enquanto tal. Porém, falar de particularidade sem universalidade é uma abstração.

Segundo Oliveira, quem afirma que só há pluralidade, que não há unidade, princípios universais, refuta-se a si mesmo, pois está precisamente proferindo uma proposição universalíssima. O universal é o ponto de partida necessário de todo pensamento. A particularidade não é um momento de limitação do universal, mas o momento de sua auto-explicitação. Sem o universal não é possível distinguir o correto e o incorreto. Contudo, o universal sozinho não pode determinar a decisão que tem de ser tomada numa situação histórica específica.

Cotinuando, afirma Oliveira que a ação humana mostra sua dupla raiz: o universal e a particularidade da situação histórica. O universal diz *a priori* o que não se deve fazer. Mas, as tarefas históricas vão mais além, ao procurar a forma justa de efetivar este universal nas coordenadas específicas de uma situação determinada, o que interpela a liberdade criativa. Assim, uma decisão histórica não destrói pura e simplesmente o universal, mas também não fica apenas nele, pois o conserva elevando-o à ordem histórica das particularidades.

Concluindo, Oliveira destaca que o pluralismo é portador de um valor ético, pois significa a única forma de o universal ético efetivar-se, abrindo assim para o homem o espaço de sua realização livre. Para ele, o próprio pluralismo, enquanto desdobramento das particularidades, exige a tematização do sentido-fundamento como o referencial que torna possível a comunhão destas particularidades, o que, por sua vez, possibilita a busca de soluções pertinentes para os conflitos inevitáveis pelo choque das diferenças.

4.3. Ética Profissional

Segundo Antonio Raimundo Santos, *"os hábitos/costumes (moral) e acordos (lei) de um grupo (ou organização) desenvolvem-se em função da interpretação do que é considerado verdadeiro e válido para esse grupo. Moral e Lei estabelecem-se como instrumentos auxiliares da realização individual, limitados à dimensão de verdade que certo grupo é histórica e socialmente portador. O agir de um grupo segue seu modo de conhecer(ser) – o agir não tem como seguir o modo de ser, mas apenas o modo de conhecer o ser"*[12].

Como a dinâmica humana sempre apresenta novas exigências, certas regras de moral e da lei poderão tornar-se desnecessárias, outras continuarão válidas e outras ainda faltarão. É indispensável que o grupo refaça periodicamente o conjunto de diretrizes para que a moral e a lei não se tornem inúteis ou insuficientes, desgastadas pelo tempo. E é neste contexto que se faz necessária a ética.

Ética é a reflexão sobre a ação humana, para extrair dela o conjunto excelente de ações. Por outras palavras, ética é a reflexão em busca da excelência, da realização plena do ser humano. Convém ressaltar que este conceito é também válido para a ética profissional. Ou seja, Ética profissional é a expressão sobre a atividade produtiva, para dali extrair o conjunto excelente de ações relativas ao modo de produção.

Há uma tendência em reduzir a ética a um simples sistema, a um simples código de ética em que o maior erro daí proveniente é o uso generalizado e inadequado de expressões tais como: "falta de ética" e "antiética", por exemplo. E é esta tendência que está criando confusões generalizadas entre lei, moral e ética. A ética deve sempre ser estudada como uma ciência da ação (ou práxis) individual.

É comum encontrar-se exemplos de estudo de casos em que, a partir de uma prática comum em um distante país, pede-se para fazer, à luz de uma outra realidade cultural, o julgamento "ético" desse específico comportamento. Lembre-se de que este é um campo específico da Inculturação, que exige vivência e experiências com a comunidade local.

Todos estes reflexos são oriundos da sociedade técnico-científica que pretende impor a lógica da economia e da técnica como sucedâneo da Ética e da Teologia. Neste trabalho, a nossa intenção é esclarecer e descaracterizar as tendências que estão crescendo muito nos ambientes organizacionais, a partir da associação da ética ao aspecto da normatividade e das éticas do tipo subjetivista que valorizam unilateralmente a decisão da pessoa.

Segundo Oliveira[(13)], a ética é sempre pressuposta em qualquer ação humana. O que está em jogo na ação humana é sua humanidade. Convém lembrar que os homens são co-autores da história, quem escreve a história são os próprios homens na medida em que em suas ações engendram o sentido da vida.

Como o objeto da ética é a ação humana, dentre as várias ações desenvolvidas pelo ser humano, tem-se a ação produtiva de bens materiais e serviços, a que modernamente chamamos atividade profissional. O desenvolvimento e a expansão da atividade profissional durante os últimos dois séculos gerou a necessidade de organização do trabalho.

Ética profissional é a expressão sobre a atividade produtiva, para dali extrair o conjunto excelente de ações, relativas ao modo de produção. Atividade produtiva tem hábitos e costumes próprios; tem também acordos que asseguram a produção de justiça mínima no decorrer de seu exercício e constituem, ambos, o objeto da ética profissional. Enfim, tudo o que se disse sobre moral, lei e ética no âmbito geral da atividade humana aplica-se ao âmbito particular da atividade produtiva.

Salvo melhor juízo, é, inclusive, questionável o valor pedagógico da expressão "código de ética", como equivalente ao conteúdo da ética profissional, como comumente utilizada. É uma expressão que corresponde ao momento de interpretação positivista da produção humana, que acaba de reduzir a ética ao simples cumprimento das leis. Aquilo a que se dá o nome de código de ética é, na verdade, um aparato legal. São as leis que regulamentam o exercício profissional, colocando-as inclusive sob a égide de instituições corporativas de trabalho e prevendo penalidades específicas para transgressores, que, afinal, são características típicas de legislação.

Daí também a impropriedade de expressões comuns como "falta de ética", "antiético" etc. Por exemplo, caluniar a atividade profissional ou a pessoa de um colega de profissão não é, a rigor, antiético. É ilegal, tanto conforme o Código de Direito Civil Brasileiro, quanto pelas normas que regem as atividades de várias profissões.

Tirar propositadamente a clientela de outrem não é falta de ética, mas concorrência desleal, outro delito grave com penalidades previstas e explícitas. Estaríamos, ao contrário, acertadamente classificando como antiéticas ou desprovidas de éticas aquelas ações que, de algum modo, impeçam o exercício da atividade ética, tais como a manutenção da ignorância, o desestímulo ao questionamento, além daquelas que, propositadamente, não criam condições de crescimento humano.

5. Inculturação e Diferenças de Culturas

Nos últimos anos, a utilização de administradores do país de origem tem declinado à medida que mais empresas utilizam pessoas nativas do país de destino. Esses empregados locais tendem a estar prontamente disponíveis e também estão familiarizados com a cultura e a língua e geralmente custam menos porque eles não têm de ser deslocados. Além disso, os governos locais geralmente fornecem incentivos para as empresas que criam bons empregos para seus cidadãos, ou então podem impor restrições ao uso de executivos do país de origem.

Uma tendência de utilização de administradores do país de origem em posições de alta administração aparece especialmente nas empresas que verdadeiramente querem criar uma cultura multinacional. Na divisão européia da Honeywell, por exemplo, 12 das mais altas posições são ocupadas por não americanos.

Através dos anos, as empresas sediadas nos EUA em particular têm tendido a utilizar mais pessoas de países-terceiros para trabalhar num país diferente de seu país natal e diferente também da empresa-mãe. Como os funcionários de países-terceiros podem suavizar as tensões políticas entre a empresa-mãe e o país de destino, eles podem sempre representar uma solução conveniente.

Convém lembrar que, de muitas maneiras, as questões culturais representam o aspecto mais enganoso dos negócios internacionais. Em uma era em que as tecnologias modernas de transporte e comunicação criaram uma "aldeia global", é fácil esquecer quão profundas e duradouras as diferenças entre as nações realmente pode ser. O fato de as pessoas em todos os lugares beberem Coca-Cola, vestirem jeans e dirigirem Toyotas não significa que elas estão ficando iguais. Cada país é único em função de razões que se fundamentam em sua história, cultura, língua, geografia, condições sociais, raça e religião. Essas diferenças complicam quaisquer atividades internacionais e representam a questão fundamental que informa e guia o modo como a empresa deve conduzir seus negócios através das fronteiras.

Ironicamente, enquanto a maioria das pessoas poderia cogitar que o truque para se trabalhar no exterior é a aprendizagem da cultura estrangeira, na realidade os problemas sempre surgem por serem as pessoas desatentas com seu próprio condicionamento cultural. A maioria das pessoas não presta atenção ao modo como a cultura influencia seu comportamento diário e por causa disso tendem a adaptar-se precariamente a situações únicas ou estranhas para elas.

Essa é a razão porque as pessoas que viajam ao exterior experimentam um choque cultural – a desorientação e o estresse associados a estar em um ambiente estranho. Os administradores que ignoram a cultura colocam suas organizações em grande desvantagem no mercado global. Como cada cultura tem suas próprias normas, costumes e expectativas de comportamento, o sucesso num ambiente internacional depende da habilidade de a pessoa entender a própria cultura e a dos outros e em reconhecer que as mudanças abruptas encontrarão resistência.

No que diz respeito às diferenças culturais(14), não é raro encontrar um alemão ou italiano que fale três ou quatro línguas. A maioria das crianças japonesas começa a estudar inglês nos primeiros anos do colégio. Por outro lado, a maioria dos estudantes americanos estuda somente o inglês na escola. Os americanos tendem a ver o inglês como a única língua internacional para os negócios e não vêem a necessidade de estudar outras línguas.

Esta opção única pela própria língua é apenas um dos sinais de que os americanos sofrem de bairrismo. Ou seja, eles vêem o mundo somente através de seus próprios olhos e perspectivas. As pessoas com uma atitude bairrista não reconhecem que os outros possuem formas diferentes de viver e trabalhar. O bairrismo se tornou um obstáculo crescente para muitos administradores americanos. Apesar de seus pares ao redor do mundo terem tentado entender melhor os costumes estrangeiros e as diferenças de mercado, os administradores americanos foram freqüentemente culpados por ignorar valores e hábitos no exterior, aplicando rigidamente sua cultura a estrangeiros, muitas vezes com resultados adversos. Veja estes exemplos:

> *No Rio de Janeiro, um jovem vendedor de computadores de New Jersey acabara de realizar sua primeira venda para uma empresa brasileira. Ele levantou a mão para o cliente de uma maneira triunfante e fez o clássico sinal americano de OK, com o indicador e o polegar, formando um círculo e os outros dedos apontados para cima. Subitamente, a atmosfera da sala ficou fria e seus colegas ficaram com as expressões embaraçadas. Pedindo uma interrupção na reunião, eles o informaram de que acabara de tratar os clientes brasileiros com um gesto vulgar que tem essencialmente o mesmo significado do famoso dedo médio esticado nos Estados Unidos.*

> *Um executivo de West Virginia em sua primeira visita à Alemanha foi convidado a ir à casa de seu maior cliente. Ele decidiu ser um bom convidado e levou uma dúzia de rosas para a anfitriã. Que erro! Ele mais tarde soube que na Alemanha é de mau agouro dar um número par de flores e que rosas vermelhas são símbolo de um forte interesse amoroso.*

Um administrador criado na República Dominicana e trabalhando para uma firma de produtos de saúde nos EUA era visto pelos colegas como um "desperdiçador de tempo". Em seu lugar de origem, os homens de negócio começam reuniões com um bate-papo descontraído. Nos EUA, os administradores vêem este comportamento social como uma atividade desnecessária e um desperdício de tempo.

A administração global bem-sucedida requer uma sensibilidade apurada para as diferenças nos hábitos nacionais. Práticas administrativas que funcionam em Chicago podem não ser apropriadas em Xangai ou Berlim. Torna-se indispensável melhor conhecer as diferenças culturais entre países, e assimilá-las bem, especificamente, as do país onde o administrador for erradicar-se e atuar profissionalmente.

Apesar de brasileiros e portugueses falarem a mesma língua, há sempre uma natural dificuldade tanto no diálogo quanto na interpretação de textos, pelo uso diversificado de determinadas expressões, como por exemplo:

Palavras e frases portuguesas	Palavras e frases brasileiras
Imperial	Chopp
Menino	Café com leite
Fazer uma marcação	Fazer uma reserva
Putos	Crianças
Telemovel	Telefone celular
Comboio	Trem
Sala de banho	Banheiro
Retrete	Descarga
Arca refrigeradora	Freeser
Autocarro	Ônibus
Estrada alcatroada	Estrada congestionada
Peúgas	Meias
Carrinha	Caminhonete
Fato	Terno

Mesmo entre nós brasileiros, de diferentes Estados brasileiros, há diferentes expressões usadas para identificar uma mesma coisa.

Palavras e frases usadas em São Paulo	Palavras e frases usadas em outros Estados
Pão francês	Cacetinha
Filão (de pão)	Cacete
Escarola	Chicória

Resumo

O homem é fundamentalmente um ser que esquece o essencial: O que é ser homem? De onde venho? Para onde vou? O que é a felicidade? Este misto de desatenção e de esquecimento criou uma crise de caráter espiritual, de orientação, de sabedoria e de moral.

O taylorismo, ao fundamentar a Administração Científica caracterizada pela divisão do trabalho, levou a sociedade a pensar que uma ação, por trazer o rótulo de trabalho, estaria legitimada moralmente. Essa atitude de esquecimento da ética levou a desastrosas conseqüências como a descrita por Oppenheimer, construtor da bomba atômica: *"Do ponto de vista técnico, foi um trabalho prazeroso, belo e fascinante"*.

Pessoa e indivíduo têm significados opostos. O indivíduo é a negação ou ignorância da alteridade da pessoa. O homem não é só indivíduo biológico. Cada ser humano é uma pessoa única, original e irrepetível. É uma alteridade essencial. Todos os homens possuem uma natureza ou essência comum (humanidade), mas que existe somente como alteridade pessoal.

Dentro da visão humanista, fundamentada na Teologia e na Filosofia, a Ética forma a pirâmide que vem dar consistência ao "estudo dos juízos de apreciação, referentes à conduta humana". Daí considerar-se a ética como sendo a *práxis da Filosofia*, isto é, a Filosofia prática utilizando provérbios. Não é tarefa da ética refletir diretamente sobre nossas ações, mas sobre os motivos das nossas ações (a sua motivação): os provérbios. Portanto, a fundamentação da ética é um dos problemas centrais da atual civilização humana.

Semelhanças entre Lei e Moral:

a) são ambas instrumentos de justiça;

b) são humanas, pois se originam das necessidades humanas;

c) são históricas, pois são estabelecidas a partir de necessidades historicamente despertadas;

d) são sociais, pos se apresentam como forma de organização da convivência humana.

e) são questionáveis, pois valem somente enquanto capazes de promover o bem do homem;

f) lei e moral dependem de instituições sociais que cuidem de sua preservação.

Diferenças entre Lei e Moral:

a) a lei é um instrumento formal, escrito e promulgado; a moral é um instrumento formal de justiça;

b) a lei apresenta-se como sistema jurídico; a moral se apresenta com possibilidades de variações no âmbito de um mesmo grupo;

c) a lei ao ser rejeitada e transgredida impõe penalidades concretas ao transgressor; a moral, ao ser rejeitada por um indivíduo, provoca um mal-estar ao grupo;

d) a lei é imposta para o cumprimento obrigatório de todos os indivíduos do grupo; a moral é indicada como conteúdo bom ou mau a ser escolhido pelos indivíduos do grupo.

Uma tendência de utilização de administradores do país de origem em posições de alta administração aparece especialmente nas empresas que verdadeiramente querem criar uma cultura multinacional. Cada país é único em função de razões que se fundamentam em sua história, cultura, língua, geografia, condições sociais, raça e religião. Essas diferenças complicam quaisquer atividades internacionais e representam a questão fundamental que informa e guia o modo como a empresa deve conduzir seus negócios através das fronteiras. Os administradores que ignoram a cultura colocam suas organizações em grande desvantagem no mercado global. Como cada cultura tem suas próprias normas, costumes e expectativas de comportamento, o sucesso num ambiente internacional depende da habilidade de a pessoa entender a própria cultura e a dos outros e em reconhecer que as mudanças abruptas encontrarão resistência.

Referências Bibliográficas

1. LAUAND, Luiz Jean. Ética e Antropologia – Estudos e traduções. Mandruvá, 1997.

2. 31ª ASSEMBLÉIA GERAL DA CNBB. *Ética: Pessoa e Sociedade*, 6/5/1993.

3. OLIVEIRA, Manfredo Araújo. *Ética e Práxis Histórica*. São Paulo: Ática, 1995, pp. 8-9.

4. SANTOS, Antonio Raimundo. *Ética: Caminho da Realização Humana*. São Paulo: Ave-Maria, 1997.

5. DAFT, Richard I. *Teoria e Projeto das Organizações*. 6ª ed. Rio de Janeiro: LTC, 1999. In: LARUE, Tone Horsmer. *The Ethics of Management*. 2ª ed. Homewood, III.: Irwin, 1991 e DAFT, Richard L. *Administração*. 4ª ed. Rio de Janeiro: LTC, 1999. In: GORDON, F. Shea. *Practical Ethics*. New York: American Management Association, 1988 e LINDA, K. Trevino. *Ethical Decision Making in Organizations: A Personn – Situation Interactionist Model*. Academy of Management Review 11, (1986).

6. STONER, James A. F. e FREEMAN, R. Edward. *Administração*. 5ª ed. Rio de Janeiro: LTC, 1999. In: FREEMAN, R. Edward (ed.). *Business Ethics*: The State of The Art (New York: Oxford University Press, 1991) e FREEMAN, R. Edward. *Etichs in the Workplace: Recent Scholarship*, em C. L. Cooper e I. T. Robertson (eds.), International Review of Industrial and Organizacional Psychology 5 (1990): 149-167.

7. BATEMAN, Thomas S. e SNELL, Scott A. *Administração: Construindo Vantagem Competitiva*. São Paulo: Atlas, 1998.

8. DUBRIN, Andrew J. *Princípios de Administração*. Rio de Janeiro: LTC, 1998.

9. OLIVEIRA, Manfredo Araújo. *Ética e Práxis Histórica*. São Paulo: Ática, 1995, pp. 25-50

10. SANTOS, Antonio Raimundo. *Ética: caminho da realização humana*. São Paulo: Ave-Maria, 1997.

11. LEÃO XIII, Papa. ENCÍCLICA *RERUM NOVARUM* – documento sobre carta do trabalho, 1891.

12. SANTOS, Antonio Raimundo. *Ética: Caminho da Realização Humana*. São Paulo: Ave-Maria, 1997.

13. OLIVEIRA, Manfredo Araújo. *Ética e Economia*. São Paulo: Ática, 1995.

14. ROBBINS, Stephen e COULTER, Mary. *Administração*. 5ª ed. Rio de Janeiro: Prentice-Hall do Brasil, 1998, p. 70.

6

Responsabilidade Social e a Organização

"Do ponto de vista ético e científico, compete à Administração fomentar o desenvolvimento da ciência e dos recursos humanos, materiais e tecnológicos, sempre pautado pela sabedoria tomista, que tem como parâmetro o respeito à dignidade humana."

Ediberto Tadeu Pedroso

Introdução

Objetivos deste capítulo:

1) mostrar como, quando e por quê se evidenciou a necessidade da responsabilidade social das organizações;
2) apresentar as contradições éticas e os efeitos nocivos que "irresponsabilidade social corporativa" traz ao homem, através de uma exploração econômica predatória;
3) ilustrar algumas situações rotineiras de ambiente desumano, onde o trabalho é um luxo e o homem considerado um lixo;
4) destacar a importância da humanização do ambiente de trabalho;
5) alertar empresários e governantes sobre a necessidade de maiores investimentos em educação, já que o futuro começa pelas crianças;
6) apresentar algumas pistas para a solução da questão ambiental.

1. Importância da Responsabilidade Social

A questão da responsabilidade social passou a evidenciar-se a partir da Revolução Industrial, com o surgimento do sistema fabril, que provocou a desagregação social das classes menos favorecidas, com a exploração do trabalho humano. A crise social provocada pela Revolução Industrial chegou ao seu auge no dia 1º de maio de 1886, em Chicago (EUA) quando a classe trabalhadora se levantou e, em greve, exigiu seus direitos. Ainda hoje se faz sentir seus ecos. Trata-se de um dia de luto pelos que tombaram naquele trágico acontecimento. A partir deste deplorável acontecimento instituiu-se o dia 1º de maio como o Dia do Trabalhador.

Com o avanço da tecnologia e, também, das desigualdades sociais, o Papa Leão XIII publicou no dia 15 de maio de 1891 a famosa encíclica *Rerum Novarum* sobre a questão operária. Esta foi a encíclica de maior ressonância social produzida pela Igreja. Foi este documento que, pela primeira vez, enfocou a importância da responsabilidade social da organização, dando, assim, os primeiros passos no sentido de humanizar a administração.

Na década de 70, com o desenvolvimento dos meios de comunicação, a globalização econômica e o neoliberalismo encontravam-se ainda em seu estado letárgico. As organizações não eram cobradas por suas ações sociais irresponsáveis. Uma indústria de transformação que contaminasse o meio ambiente dificilmente era punida.

Na política, havia uma cultura arraigada totalmente negativista do "ele rouba, mas faz". A sociedade era bem condescendente com os políticos e com as autoridades públicas que usavam a máquina do governo para benefícios próprios e ascensão social. Bastavam apresentar algumas obras – superfaturadas – que dessem visibilidade a seus mandatos políticos, e todas as outras ações condenáveis eram toleradas pela sociedade, ou eram protegidas pela impunidade parlamentar, que o famoso comediante brasileiro Chico Anísio bem parafraseava por "impunidade para lamentar".

O avanço dos meios de comunicação social tornou possível à sociedade tomar conhecimento dos fatos no mesmo instante de sua ocorrência, em qualquer parte do globo terrestre. Isto permitiu sensibilizar, de forma direta e instantânea, a opinião pública e a acelerar as diferentes formas de reação das pessoas e organizações não-governamentais.

Com as pressões de movimentos ativistas, muitas organizações atualmente são mais cautelosas e preocupadas em demonstrar uma conduta mais profissional e adequada.

> *"A maioria das empresas reconhece hoje que suas responsabilidades vão além de meramente obedecer a lei e obter um retorno financeiro competitivo para seus proprietários. À medida que os executivos passaram a ter mais consciência do número de interessados aos quais devem satisfazer, ampliaram seus critérios de decisão para incluir o respeito e a proteção de direitos básicos do ser humano. A Bem & Jerry's tornou-se o protótipo de uma empresa socialmente responsável por suas campanhas de promoção da paz mundial, conservação do meio ambiente e apoio aos negócios locais. A Levi-Strauss ganhou menções por suas políticas avançadas de recursos humanos e sua postura previdente no estabelecimento de diretrizes éticas para suas negociações. Como exemplo disto, a companhia decidiu voluntariamente em 1993 não investir no florescente mercado chinês e gradativamente encerrou contratos com fabricantes de roupa na China, alegando o que denominou de 'violações generalizadas de direitos humanos básicos' pelo governo chinês."* (1)

Apesar disto, são inúmeras as organizações que ainda continuam a ser criticadas por sua falta de responsabilidade social. Convém lembrar, a título ilustrativo, que o direito de "ir e vir" assegurado pela nossa Constituição brasileira não é respeitado em muitos municípios brasileiros, principalmente em cidades turísticas que não permitem a entrada de pobres e de "farofeiros" (excursões promovidas pelas classes mais pobres que não se utilizam da infra-estrutura, como, por exemplo, restaurantes oferecidos pelas cidades visitadas).

1.1. Conceito de Responsabilidade Social

Um dos principais idealizadores do pensamento da responsabilidade social das organizações foi Andrew Carnegie, fundador do grupo U.S. Steel que, em 1899, publicou sua famosa obra *O Evangelho da Riqueza*. Baseado em sua visão paternalista sobre o papel da organização na sociedade, Carnegie estabeleceu os princípios da Caridade e do Zelo ou da Custódia[(2)].

- **Princípio da Caridade:** defende a idéia de que as pessoas mais favorecidas da sociedade devem ajudar as menos favorecidas, incluindo-se os desempregados, doentes, pobres e deficientes físicos e mentais. Essas pessoas menos favorecidas devem ser auxiliadas diretamente ou através de instituições de caridade. Fica claro que a responsabilidade social é do indivíduo e não das organizações. No entanto, na década de 20, com a quebra da Bolsa de Valores seguido da grande depressão da economia americana (e mundial), as necessidades sociais aumentaram significativamente superando as contribuições voluntárias da sociedade, o que estimulou o envolvimento das organizações na prática da caridade, através de contribuições financeiras voluntárias às instituições de assistência social.
- **Princípio do Zelo ou da Custódia:** de acordo com este princípio, os ricos são guardiães da riqueza e da propriedade pública. A idéia de Carnegie era de que os ricos guardavam o dinheiro em confiança para o resto da sociedade. Este obscuro princípio preservava o *status quo* das organizações e as protegia de outras formas de pressão. A expressão Responsabilidade Social era tão vaga que deixava muita coisa por conta e risco do discernimento individual. À primeira vista atraentes, estes princípios funcionavam como cortina de fumaça para evitar possíveis pressões sociais contra uma atuação liberalizante exercida pelas organizações, em benefício de seus titulares.

1.2. Propostas Conflitantes

Para Milton Friedman[(2)], prêmio Nobel de Economia, a única responsabilidade social da organização era maximizar os lucros, dentro dos limites da lei. A contribuição das empresas ao bem-estar geral seria a produção eficiente de bens e serviços. Os problemas sociais deveriam ser deixados para as pessoas afetadas e para o governo. A proposta de Friedman não está mais encontrando receptividade tanto na Europa quanto na América do Norte.

De fato, as fortes pressões da sociedade estão levando as organizações a repensarem seus objetivos, considerando, sobretudo, a preservação do meio ambiente, o respeito à natureza e, acima de tudo, o respeito à dignidade humana. Convém lembrar que a responsabilidade social corporativa, apesar de tudo, ainda está muito longe de ser atingida, principalmente pelo fato de que as nações mais poderosas manipulam as nações assim rotuladas de "terceiro mundo", impondo-lhes pesados ônus com elevadíssimos juros da dívida externa, preservando, ainda, as regras clássicas de controle econômico e social.

Infelizmente, governos e organizações transnacionais não observam este pensamento bíblico que, com seus 2.000 de existência, mantém-se atualizadíssimo: *"O que quereis que os homens vos façam, fazei-o também a eles"* (Lc 6,31). Portanto, as nações ricas dominam o mundo através da globalização econômica e impõem a liberalização dos mercados a seus produtos, mas essas mesmas nações ricas não respeitam as regras por elas estabelecidas; sobretaxam os produtos importados e subsidiam suas exportações.

Há uma terceira corrente de pensamento que defende a substituição da responsabilidade social pela reatividade social. É uma teoria que se concentra no modo como as empresas respondem às questões, em vez de tentar determinar sua responsabilidade social.

Robert Ackerman, um dos pioneiros da teoria da reatividade social, apresenta três fases básicas para se desenvolver uma reação às questões sociais[(2)]:

a) a empresa apenas identifica a existência de um problema social sem enfrentá-lo;

b) a empresa contrata especialistas para estudar o problema e sugerir modos de lidar com eles. A organização limita-se a declarar suas intenções e a formular seus planos;

c) é a fase de implementação. Mas esta implementação só se dará mediante fortes pressões do governo, da opinião pública.

O princípio da reatividade é uma forma grotesca da organização esquivar-se da responsabilidade social.

Para Churchman, "*os objetivos declarados nem sempre correspondem aos objetivos reais da organização ou do indivíduo: um estudante chega a pensar que seu objetivo é alcançar a nota mais alta possível, mesmo que seu aprendizado fique prejudicado. O aluno procura a nota alta porque acredita que a nota alta possibilitar-lhe-á a obtenção de bolsa ou a uma ótima colocação profissional*"(3).

Uma empresa afirma, através de seu código de ética, como ela está-se comportando em relação a seus acionistas, funcionários, clientes e comunidade onde atua, mas, na prática, a sua atuação tem demonstrado um comportamento totalmente oposto ao prometido, e, o que é mais grave, comprometendo a saúde pública da sociedade.

Por que as empresas dizem uma coisa e fazem outra diferente?

Segundo Domenico De Masi(4), "*não é raro encontrarmos médicos que fumam, economistas com o orçamento familiar totalmente comprometido, ou especialistas em marketing que descuidam de sua imagem pessoal. A história não é diferente na vida profissional. Chefes que se dizem democráticos agem como ditadores. Empresas defendem a diversidade em suas fileiras, mas não possuem nenhum negro, oriental, judeu ou árabe, entre outros, em cargos de comando*". Há também empresas que defendem a igualdade de direitos, o respeito à dignidade humana, mas não admitem em seus quadros, por exemplo, deficientes físicos.

2. Contradições nas Organizações

Poucas são as organizações que se preocupam com a qualidade de vida do ser humano. Os exemplos vêm de cima. Em pleno terceiro milênio, é inconcebível aceitar que o presidente americano Bush tenha rejeitado o tratado de Kioto, para a redução de descarga de poluentes na atmosfera. De fato, o tratado de Kioto vai contra os interesses das empresas petrolíferas dos EUA, justamente as que mais contribuíram para a campanha eleitoral de Bush. Convém lembrar que os EUA exercem uma liderança predatória. Consomem 45% da produção mundial de combustível para transportar menos de 5% da população. Toda a política americana está inteiramente voltada para a proteção de interesses americanos, ou seja, para a economia interna.

As grandes devastações do meio ambiente vêm sendo provocadas pelas indústrias de transformação (químicas e petrolíferas). O desmatamento acelerado provocado pelas indústrias de extração mineral e vegetal, por exemplo, está causando desequilíbrios climáticos, através do degelo das calotas polares, provocando, assim, aumento, ano a ano, a elevação da temperatura.

2.1. Contradições Éticas

Para a mídia, a Shell[(5)] divulga este código de ética corporativo:

1) objetivos das companhias Shell: engajarem-se com eficiência, responsabilidade e lucratividade nas atividades de petróleo, gás, produtos químicos e outras selecionadas e participar na procura e no desenvolvimento de outras fontes de energia. As companhias Shell buscam atingir um elevado padrão de desempenho e objetivam manter uma posição no longo prazo em seus respectivos ambientes de concorrência;

2) responsabilidades: as companhias Shell reconhecem cinco áreas de responsabilidade:

   a) para com os acionistas, proteger o investimento dos acionistas e proporcionar a eles um retorno aceitável;

   b) para com os clientes, conquistar e manter os clientes por meio do desenvolvimento e do fornecimento de produtos e serviços que ofereçam valor em termos de preços, qualidade, segurança e impacto ambiental e que sejam apoiados pelas competências tecnológica, ambiental e comercial necessárias;

   c) para com os empregados, respeitar os direitos humanos de seus empregados, dar-lhes condições de trabalho dignas e seguras e termos e condições de serviço bons e competitivos, promover o desenvolvimento e o melhor uso do talento humano e a igual oportunidade de emprego e encorajar o envolvimento dos empregados no planejamento e na direção de seus trabalhos e na aplicação destes princípios dentro de suas companhias. Reconhece-se que o sucesso comercial depende do pleno empenho de todos os empregados;

d) para com aqueles com quem eles fazem negócios, procuram relacionamentos mutuamente benéficos com empreiteiros, fornecedores e em consórcios e promover a aplicação destes princípios ao fazê-lo. A habilidade em promover estes princípios com eficácia será um fator importante nas decisões de entabular e de conservar tais relações;

e) para com a sociedade, conduzir os negócios como membros empresariais responsáveis da sociedade, observar as leis dos países nos quais operam, expressar apoio pelos direitos humanos fundamentais em linha com o exercício legítimo da atividade e dar atenção apropriada à saúde, à segurança e ao meio ambiente em consistência com o compromisso de contribuir para o desenvolvimento sustentável.

Mas, na prática, a Shell está envolvida em vários processos judiciais. A Royal Dutch/Shell Group of Companies(6) possui empresas operando em mais de 100 países e emprega 135 mil pessoas. Uma das maiores companhias do mundo, a Shell possui um faturamento superior a 100 bilhões de dólares anuais. A empresa carrega histórico de agressões ao homem e ao meio ambiente, como o *Caso Gennius*(7), movido, no Brasil, por organizações não-governamentais (ONG's) que lutam pela preservação do ecossistema.

Em maio de 1988, sete empregados morreram após uma explosão em Naorco, uma refinaria da companhia em Louisiana (EUA). A Shell pagou 24 milhões de dólares como reparação por danos e prejuízos. Em abril de 1988, um derramamento de 440 mil galões de olho cru na refinaria que a Shell possui em Martinez, Califórnia, contaminou mais de 40 hectares de zonas pantanosas e 11 milhas de costa, matando centenas e custando à companhia 20 milhões de dólares em multas e 12 milhões em despesas com a limpeza de diversos lugares.

Em 1989, uma refinaria da Shell no Reino Unido derramou 10 mil galões de petróleo cru no rio Mersey. A companhia foi multada em um bilhão e seiscentos mil dólares e teve de pagar dois bilhões e duzentos e quarenta mil dólares em custos de limpeza. No outono de 1989, um petroleiro da Shell derramou petróleo próximo à ilha de Santa Lucia, no Caribe, em quantidade suficiente para cobrir a baía de Bannes por duas semanas. A empresa se negou a declarar publicamente como planejava evitar novos acidentes semelhantes.

A Shell vendeu por mais de duas décadas um agrotóxico contendo dibromocloropropano (DBCP) para a Standard Fruit Company, na Costa Rica. Desde o final da década de 50, a Shell já sabia que este composto causava esterilidade em ratos de laboratório, mas não fez esta informação constar no rótulo do produto. Mesmo depois que a EPA (Agência de Proteção Ambiental dos Estados Unidos) determinou que o DBCP causava esterilidade em seres humanos e baniu sua produção, a Shell continuou a comercializar o produto. Entre 500 e 2.000 trabalhadores da lavoura de bananas na Costa Rica tornaram-se estéreis.

Sistematicamente durante 25 anos, a Shell poluiu uma enorme reserva subterrânea de água potencialmente potável em um aquífero próximo à cidade de Diyarbakir, Sudeste da Turquia. Mais de dois milhões de pessoas vivem na região e sofrem os efeitos do despejo de 487,5 milhões de barris de produção de água contaminada com óleo cru, solventes e outros químicos no aquífero de Midyat entre 1973 e 1994.

2.2. Exploração Predatória das Transnacionais

Alguns exemplos significativos são relatados abaixo. Convém observar que, infelizmente, a Petrobrás faz parte também da lista de organizações que não respeitam o ecossistema.

2.2.1. Agressões ao Homem e ao Meio Ambiente

O vazamento de um milhão e trezentos mil litros de óleo de um duto da Petrobrás(8), em 18/01/2000 representou um descaso que vai da ausência de ações preventivas e práticas de monitoramento ambiental até a incompetência das empresas para lidar com situações calamitosas. E inclui a responsabilidade do Estado, com leis frouxas, multas de valores insignificantes e órgãos de fiscalização ambiental desaparelhados e ineficientes.

No aspecto social, este acidente prejudicou diretamente pelo menos 600 pescadores na região de Mauá, município de Magé. Indiretamente, foram atingidas mais de 1.000 pessoas, ligadas ao comércio dos pescados. Além de não conseguirem pescar, por causa da mancha de óleo, os pescadores tiveram os equipamentos inutilizados pelo produto. Embora a Petrobrás tenha assumido integralmente a responsabilidade e indenizado os pescadores, o valor pago foi muito baixo, e muita gente ficou fora da lista. Em outras palavras, o acidente agravou ainda mais a situação de penúria que já ameaçava muitas famílias de pescadores artesanais.

Pior do que as conseqüências de um acidente ambiental desse porte, no entanto, é o fato de que aprendemos pouco com eles. Principalmente, não aprendemos como evitá-los, nem como diminuir seus impactos sobre o ambiente e a sociedade. De acordo com levantamento da Companhia de Tecnologia de Saneamento Ambiental (Cetesb), só no terminal da Petrobrás em São Sebastião, litoral Norte de São Paulo, foram mais de 40 acidentes na década de 80. Entre os fatores que colaboram para agravar a situação está a cobrança de multas irrisórias pelos danos ambientais. No caso do derrame de janeiro, a Petrobrás foi multado pelo Ministério do Meio Ambiente em 51 milhões de dólares, com um abatimento de 30% por ter aceito pagar a multa integralmente, sem discussões. Num acidente semelhante no Alaska, a companhia responsável, a Exxon Valdez, já pagou para a agência do meio ambiente americana mais de um bilhão de dólares em indenizações e multas.

Na cidade de Malir está localizado um dos maiores lugares de armazenamento de agrotóxicos obsoletos ou vencidos do Paquistão. É situado a menos de 150 metros de uma escola e fica próximo a uma zona residencial. Lá estão dieldrin, endossulfan, heptaclor e hexacloreto de benzeno. Companhias como a Shell, Dow Chemicals, Velsicol, Hoechst e Diamond Shamrock exportaram todos estes agrotóxicos para o Paquistão desde a década de 1970. As condições de estocagem podem ser descritas como péssimas e, apesar de terem sido exportados esses materiais, as empresas fabricantes continuam responsáveis por eles e por seu manejo.

Em Burkina Fasso, há cerca de 54 toneladas de agrotóxicos obsoletos estocados em 11 diferentes locais. Entre as companhias identificadas estão Atlas, Bayer, Calliope/Callivoire, Ciba Geigy, Hoechst, ICI, Rhone P. Roussel, Shell, Saphyto, Sochim, Sofaco (FAO 1999).

Desde que a Shell(9) começou em 1958 a extração de petróleo no Delta do Níger, Nigéria, tem causado problemas ambientais no território do povo Ogoni. A Shell promove assim a chuva ácida, a mortandade em massa de peixes e o sofrimento dessas pessoas em virtude de vários problemas de saúde causados pela poluição da água e do ar. Ao clamar por justiça ambiental, as forças militares nigerianas têm usado a tática do terror como forma de intimidar e de fazer cessar as demandas ambientais. Desde que essa Força-Tarefa iniciou suas atividades, tem sido apontada como culpada pela morte de mais de dois mil ogonis e pela destruição de 27 vilas. Nove líderes pacifistas foram enforcados após julgamentos em cortes militares, e duas testemunhas que os acusaram admitiram que a empresa e os militares os subornaram com promessa de dinheiro e empregos na Shell em troca do seus testemunhos. A Shell admitiu ter pago aos militares da Nigéria, que brutalmente tentaram silenciar as vozes que buscavam a justiça.

No Brasil, a Shell contaminou uma área na Vila Carioca, cidade de São Paulo. Por um longo período, a empresa enterrou borras de tanques de estocagem de combustível na área. O lençol freático e o solo encontram-se contaminados com elevadas concentrações de compostos aromáticos e metais pesados. Hoje, a área passa por processo de remediação, acompanhado pela Cetesb – Companhia de Tecnologia de Saneamento Ambiental.

2.2.2. Denúncias de Contaminação do Ecossistema

Em janeiro de 2001, o Greenpeace denunciou que a instalação da Bayer(10) em Belford Roxo contamina o meio ambiente com PCBs (ascarel) e mercúrio. A exposição aos PCBs está relacionada a uma ampla gama de efeitos à saúde humana, destacando-se prejuízos ao sistema nervoso central, danos ao rim, hepatotoxicidade, alterações dos níveis de hormônio e do sistema reprodutivo, e indução de aborto em fases iniciais de gravidez, entre outros.

Um relatório científico produzido pelo Greenpeace prova que a Gerdau polui sistematicamente o meio ambiente com substâncias tóxicas como o ascarel. A empresa negou a contaminação, ignorando seu dever de garantir a saúde pública. Admitiu, ainda, controlar emissões de organoclorados em suas instalações nos EUA e no Canadá e disse que não faz o mesmo no Brasil por motivos financeiros.

A Gerdau, maior recicladora de metal do Brasil e da América Latina, contamina o meio ambiente com ascarel, um poluente químico altamente tóxico à saúde humana. Os dirigentes desta empresa consideraram a denúncia feita pelo Greenpeace uma fatalidade e não estão dispostos a tomar nenhuma providência para deter a contaminação por este poluente.

Em suas unidades instaladas nos EUA e no Canadá, a Gerdau realiza controle de emissões de poluentes organoclorados como o ascarel, mas não faz o mesmo no Brasil alegando razões de mercado. Esse tipo de comportamento chama-se duplo padrão e significa que a Gerdau trata o cidadão brasileiro, com menos respeito e consideração do que trata americanos e canadenses. Uma das amostras de poeira contaminada com ascarel foi coletada no forro do telhado de uma casa vizinha à empresa onde vivem um casal e três crianças.

Greenpeace denunciou que a Monsanto(11) mentiu quando declarou que possuía o Registro Especial Temporário (RET) para o seu campo experimental de milho transgênico Bt. A organização ambientalista localizou uma plantação ilegal da empresa em Santa Cruz das Palmeiras, interior do Estado de São Paulo. Em um protesto bem-humorado, ativistas do Greenpeace sinalizaram o rastro de mentira deixado pela Monsanto. Um ativista da equipe de *Caça-transgênicos* da organização ambientalista seguiu um *Visconde de Sabugosa transgênico*, ao mesmo tempo em que escrevia "MENTIRA" com tinta atóxica no tapete branco estendido em frente ao prédio do escritório central da multinacional, na capital paulista. Os ativistas também entregaram o "Prêmio Mentira do Ano" para a Monsanto. *"A Monsanto mentiu deslavadamente e usou o nome do Ministério da Agricultura e do IBAMA para endossar a sua mentira"*, disse a engenheira agrônoma do Greenpeace.

O Votorantim(12), quem diria, virou um grande bancão. Dom Antônio Ermírio de Moraes não levou a Vale, mas tem carpido sua frustração imolando o cofre do Tesouro. Com a espantosa reserva de um bilhão e quinhentos mil dólares tomada no exterior e um caixa adicional de um bilhão de reais, Dom Antônio tem feito a festa do maior rentista. O resultado operacional do Votorantim, em 1988, ficou entre 10% e 15% abaixo de 1997. Mas o lucro, em decorrência das receitas não-operacionais, vai lá para cima. O resultado dessa competência financeira é que o Votorantim poderá fazer suas aquisições sem qualquer custo, já que a rolagem da dívida no exterior já está assegurada pela arbitragem entre os juros internos e externos, com uma bela diferença em favor do baronato. Dom Antônio, nas décadas de 70 e 80, metia o pau na banca. Hoje, virou banqueiro e se delicia com os juros elevados e a transferência de recursos da União para o seu bolso. Como é guloso, guarda tudo para si. Poderia abrir o capital e dividir parte do banquete. O Banco Votorantim, se fosse negociado em mercado, seria forte candidato à *blue chip*. Essa promessa, contudo, já tem teia de aranha.

José Wanderlei da Silva[13], plantador de fumo desde os 17 anos, reside no município de Amaral Ferrador, a 200 quilômetros de Porto Alegre, onde 99% da população vivem da cultura do fumo cujo único comprador é a Souza Cruz. É a primeira pessoa que entrou com processo contra a Souza Cruz por danos causados à sua saúde pelo uso dos agrotóxicos. O veneno, fornecido pela empresa, consta como item obrigatório nos contratos firmados entre as partes. Agora, aos 31 anos, inválido pelo excesso de contaminação pelos agrotóxicos utilizados na lavoura, ao longo dos anos, pede uma indenização à empresa. Os sintomas apresentados são fortes dores de cabeça, vômito, diarréia, perda de água em geral. Os principais causadores são Solrinex, Brometo de Metila (não é mais usado há cinco anos), Confidor e Ordhene. Não existe legislação específica sobre a responsabilização do fornecimento de agrotóxicos. Por isso, o amparo legal da ação está baseado na teoria do risco objetivo pelo desenvolvimento do negócio, ou seja, quem aufere lucros tem de assumir todos os riscos que produz.

Conforme notícia veiculada em 20/7/2001, pelo *Jornal Nacional*, da Rede Globo de Televisão, o Laboratório Farmacêutico Aché foi processado pela Justiça do Estado de São Paulo, por fraudar pílulas anticoncepcionais. O Laboratório foi acusado de alterar a procedência do produto FEMINA. Em exame feito no produto, foi detectada, inclusive, mudança de substância medicinal, o que provoca a ineficácia do produto. O produto importado tinha o seu prazo de validade adulterado, e era vendido como sendo produto nacional. O Laboratório Aché apresentou certificado do Ministério da Saúde que permitia estender o prazo de validade do produto para 12 meses. Ao examinar a documentação, ficou comprovado que o certificado era falsificado, o que levou a empresa a sofrer um novo processo por falsificação de documentação. A empresa comprometeu-se a retirar o produto do mercado, e seus diretores foram condenados. Vários usuários, que se sentiram fraudados e prejudicados pelo efeito nocivo do produto, moveram ações de indenização contra o laboratório.

3. Responsabilidade Social e Dignidade Humana

3.1. Ambiente Subumano de Trabalho

Em pleno final de século XX, há trabalhadores escravizados no Brasil. Em 1993, a Organização Internacional do Trabalho (OIT) já dizia que o Brasil é um dos nove países do mundo com problemas sérios de escravidão, sob a forma de "cativeiro da dívida"(14). A organização inglesa Antiescravidão Internacional nesse mesmo ano denunciava que a escravização de trabalhadores no Brasil não é prática esporádica nem se restringe apenas a alguns setores da economia.

Segundo essa ONG, na maioria dos casos, os trabalhadores são obrigados a contrair dívidas que nunca podem pagar e, por causa dessas dívidas, são obrigados a trabalhar de graça, num regime de quase escravidão(15). Foram muitos, em 1998, os casos de escravidão que as autoridades descobriram nas mais variadas regiões do Brasil.

Fiscais da Delegacia Regional do Trabalho (DRT) descobriram em Perolândia, a 420 quilômetros de Goiânia, 39 homens vivendo em regime de escravidão, em condições subumanas e desnutridas. Há seis meses, eles trabalhavam diariamente 18 horas ininterruptas na carvoaria da Fazenda Campo Limpo(16).

As mulheres trabalhadoras rurais enfrentam no dia-a-dia algumas dificuldades a mais que as suas companheiras urbanas. Além de salários menores que os homens, são vítimas de envenenamento pela manipulação de agrotóxicos sem equipamento de proteção; são transportadas em caminhões do tipo "pau-de-arara", muitas vezes junto com animais; têm jornada de trabalho excessiva, na maior parte das vezes chegando a trabalhar de 10 a 12 horas, entre o percurso e o horário de trabalho. Apesar de serem maioria nas ocupações e de permanecerem mais tempo nos acampamentos, as mulheres sem-terra são discriminadas na hora da seleção para o assentamento, quando a preferência tem sido quase sempre para o cadastramento dos homens. As mulheres que conseguem ser assentadas têm pouco acesso ao crédito disponível no assentamento(17).

> *"A nossa grotesca 'involução laboral', na expressão de um técnico, já abrange 11% da população ativa e se reflete tanto nas faces cansadas e corpos mutilados das crianças que cortam cana, em Pernambuco, quanto nos rostos enegrecidos e pulmões danificados, dos meninos carvoeiros do Mato Grosso do Sul. Mas está presente também nos cérebros lesados dos garotos que acabam cheirando involuntariamente cola de sapateiro durante o trabalho nas oficinas de fundo de quintal que terceirizam a fabricação de calçados para as grandes indústrias da rica cidade de Franca (São Paulo) ou na região de Novo Hamburgo (Rio Grande do Sul)."*(18)

No Hotel Magé, na Praça Mauá, Rio, meninas estavam em cárcere privado, parecendo bichos(19).

Para privilegiar a meta de privatizações do governo, foi assinado um termo entre a Fundação Nacional do Índio e a *Companhia Hidrelétrica do São Francisco* para que os índios Tuxá sejam cooptados financeiramente em troca da dívida social da Hidrelétrica de Itaparica e facilitar a venda da Companhia. Desde 1986, quando foram transferidos de sua terra tradicional onde foi construída a barragem, não foram cumpridos os programas que garantiriam o reassentamento dos índios (cerca de 700) em outra área. Os índios convivem com divisões internas, passam necessidades econômicas, sofrem com a falta de assistência à saúde e à educação, tiveram seu modo de vida completamente alterado em conseqüência da obra(20).

"Por que eu?" Foi o que eu pensei quando recebi o aviso de dispensa. Lembrei que, algum tempo antes, havia mudado de departamento para satisfazer interesses da chefia. Mais uma vez, era punido por ser um funcionário competente e cordato, com 17 anos de casa, sem nunca ter-me valido de apadrinhamento político. Através do chefe de setor, solicitei uma reunião com os gerentes. Um deles saiu-se com essa: *"Mas o que é que esse negão está querendo? Justo agora que a gente conseguiu branquear o departamento?..."* Vicente Francisco do Espírito Santo foi demitido da Eletrosul, em Florianópolis/SC no ano de 1992. Em 7/10/1996, o Tribunal Superior do Trabalho, órgão máximo da Justiça do Trabalho que pela primeira vez em toda a sua história julgava uma denúncia de racismo, confirmou a reintegração profissional de Vicente ao quadro de funcionários da Empresa Eletrosul[(21)].

3.2. Ambiente de Trabalho e Produtividade

Em um mundo cheio de contradições, onde o ser humano é tratado de uma forma desumana, conforme relatado no item anterior, há uma forte tendência de a sociedade dar mais preferência à adoção de um animal doméstico do que à de uma criança. O presidente João Figueiredo, quando indagado por um repórter sobre sua preferência por cavalos, ele disse: *"Prefiro mais o cheiro do cavalo do que o cheiro de um ser humano"*. Em um outro momento, ao receber uma turma de alunos do Ensino Fundamental (antigo Primeiro Grau), um aluno perguntou ao presidente Figueiredo o que ele faria se recebesse um salário mínimo mensal. Impensadamente ele respondeu: *"Eu me mataria, dando um tiro na minha cabeça"*.

As grandes fazendas produtoras de leite investem nas instalações de ordenha das vacas leiteiras, introduzindo inclusive sofisticado sistema de som nos currais, no intuito de melhorar a produção de leite, cujos efeitos se fazem sentir de imediato.

Os cavalos de corridas são tratados e assistidos, permanentemente, por médicos veterinários e nutricionistas, no sentido de buscar sempre os melhores resultados para seus proprietários. E esses investimentos logo retornam sob a forma de bom desempenho nas competições. Mediante estas exemplificações, resta, então, perguntar: por que não fazer o mesmo nos ambientes de trabalho, onde os investimentos têm, comprovadamente, um retorno assegurado?

Mas muitos empresários, na ganância de conseguir, no curto prazo, crescimento de seu patrimônio, obter lucros elevadíssimos e imediatos, preferem explorar o medo e o sofrimento dos operários como formas de garantir a melhoria de produtividade, ou assegurar os lucros esperados no curtíssimo prazo. Basta lembrar algumas das mais famosas frases de empresários preocupados exclusivamente com a lucratividade, mesmo que em detrimento do próprio homem: *"Não importa quantas pessoas você ofenda, desde que sua mensagem chegue aos consumidores"* (Philip Hampson Knight – fundador da Nike); *"Você não veio ao mundo para agradar a todos. Por que, raios, não pode você ser a pessoa que desagrada a alguém? E tudo bem, o mundo é assim mesmo"* (Nelson Spritzer – autor do livro *O Novo Cérebro*).

Pesquisas realizadas têm comprovado ser a música ambiente o melhor elemento estimulador da motivação humana no desempenho de suas tarefas, principalmente em ambientes fechados. Assim, sempre que possível, a utilização de música ambiente, nas dependências da organização, deve ser implantada, o que permitirá reduzir substancialmente os níveis de tensão no trabalho e trazer o indispensável equilíbrio entre medo e o sofrimento dos funcionários, o que por si só justificaria qualquer investimento nesse sentido.

Em entrevista concedida a uma emissora de TV, a talentosa soprano Liriel Domiciano, revelada em um programa de calouros em 2001, disse que sempre gostava de cantar enquanto trabalhava, mas que seu gerente freqüentemente pedia-lhe para não cantar no ambiente de trabalho. O relaxamento do sistema nervoso no ser humano é indispensável para o bom desempenho profissional. E a terapia mais indicada ainda é a música ambiente de qualidade, não qualquer música, mas aquela que cria um clima organizacional saudável, que estimula e motiva o homem ao trabalho.

Portanto, este é um dos primeiros passos a caminho da humanização na administração, e, neste sentido, chegamos, inclusive, a produzir um CD com 20 peças musicais de ritmos variados, composições estas do próprio autor, como um incentivo à adoção da música ambiente para a melhoria da produtividade administrativa.

3.3. Publicidade e Dignidade Humana[22]

Para o correto uso dos meios de comunicação social, é absolutamente necessário que todos os que se servem deles conheçam e levem à prática as normas de ordem moral.

A ordem moral, à qual se refere o Concílio, é a lei natural com a qual todos os seres humanos se devem conformar, porque ela está *"inscrita nos seus corações"* (Rm 2,15) e inclui os imperativos da realização autêntica da pessoa humana.

Exprime-se, deste modo, o sentido mais profundo da liberdade humana: ela consiste numa autêntica resposta moral que a chama à forma e à consciência, fazendo-a objeto de contínua conversão à verdade e ao bem. Neste contexto, oferecem-se aos meios de comunicação duas opções. Ou eles ajudam as pessoas a compreenderem e a realizarem melhor o bem e a verdade, ou transformam-se em forças destruidoras, que se opõem ao bem-estar humano. Isto se verifica, de modo particular, no que concerne à publicidade.

Os publicitários – os que encomendam, os que realizam e difundem a publicidade – são moralmente responsáveis pelas estratégias que incitam as pessoas a se comportarem de uma determinada maneira. Esta responsabilidade é partilhada pelos editores, por quem desempenha as suas funções na televisão e por quantos fazem parte do mundo das comunicações sociais, bem como por aqueles que a patrocinam comercial ou politicamente, porque participam comercial ou politicamente, porque participam do mesmo modo nos diferentes estádios do processo publicitário.

Quando uma iniciativa publicitária estimula o público a fazer uma opção ou a agir de maneira razoável e moralmente boa para si próprio e para o próximo, coloca os seus autores no caminho do bem. Pelo contrário, se ela estimula às más ações, autodestruidoras e destruidoras de um autêntica comunidade, os seus autores praticam o mal. Isto também é válido para os meios e as técnicas publicitárias: é moralmente errado recorrer a métodos de manipulação e de exploração, perversos e corruptos, a fim de persuadir ou motivar. A este propósito, estão associados também os problemas particulares relacionados com a chamada publicidade indireta, que incita o público a agir de certa maneira, sem estar totalmente consciente de ser condicionado. As técnicas em questão mostram determinados produtos ou formas de comportamento num âmbito sedutor, associando-os a personagens que estão na moda. Em alguns casos extremos, a publicidade pode mesmo recorrer a mensagens subliminares.

3.3.1. Danos Econômicos da Publicidade

Se os anúncios publicitários aconselham produtos nocivos ou totalmente inúteis, se fazem promessas falsas acerca do produto a ser vendido, ou se exploram tendências menos nobres do ser humano, os seus responsáveis prejudicam a sociedade e perdem o crédito e a confiança. Por outro lado, estimular necessidades falsas prejudica indivíduos e famílias, os quais, instalados pela oferta de artigos de luxo, podem ficar desprevenidos para as necessidades fundamentais. Sobretudo, deve-se evitar a publicidade que fere o pudor, explora o instinto sexual para fins comerciais ou influencia o subconsciente, de tal modo a violentar a liberdade dos compradores.

A publicidade atraiçoaria o seu papel de agente de informação se fizesse uma apresentação deformada da realidade e omitisse certos elementos importantes. Por vezes, o papel de informadores dos meios de comunicação pode até ser alterado sob a pressão dos publicitários. Esta pressão é exercida nas publicações ou nos programas, a fim de impedir que não sejam tratados assuntos incômodos ou inoportunos aos olhos dos publicitários. Contudo, a publicidade é muitas vezes usada não tanto para informar como para persuadir e motivar, pra convencer as pessoas a agirem de uma determinada maneira: comprar certos produtos ou recorrer a certos serviços, patrocinar certas instituições, e outras atitudes semelhantes. É neste âmbito que se podem verificar abusos específicos.

A prática de um publicidade centrada na marca comercial levanta sérios problemas. Com freqüência há apenas algumas diferenças que se podem negligenciar entre produtos semelhantes, vendidos por marcar comerciais concorrentes. Então, a publicidade procura estimular as pessoas a se decidirem em base a motivações irreais: fidelidade a um rótulo, prestígio do *status* social, moda, *sex appeal* etc., em vez de apresentar as diferenças que dizem respeito ao preço e à qualidade dos produtos, como base de uma escolha racional.

A publicidade também pode ser, e é muitas vezes, um instrumento a serviço do "fenômeno da sociedade de consumo", como definiu o Papa João Paulo II ao dizer: *"Não é mal desejar uma vida melhor, mas é errado o estilo de vida que se presume ser melhor, quando ela é orientada ao ter e não ao ser, e deseja ter mais não para ser mais, mas para consumir a existência no prazer, visto como fim em si próprio".*

Por vezes, os publicitários afirmam que um dos deveres de sua profissão consiste em "criar" a necessidade de produtos e serviços, o que significa fazer com que as pessoas sejam influenciadas e se deixem guiar por um profundo desejo de artigos ou de serviços dos quais não têm necessidade. Explorando diretamente os seus instintos e prescindindo, de diversos modos, da sua realidade pessoal consciente e livre, podem-se criar hábitos de consumo e estilos de vida objetivamente ilícitos, e freqüentemente prejudiciais à saúde física e espiritual.

Este é um grave abuso e uma afronta à dignidade humana e ao bem comum, quando se verifica nas sociedades ricas. Mas o abuso torna-se mais grave se estas atitudes de consumo e estes valores são difundidos pelos meios de comunicação e pela publicidade nos países em desenvolvimento, agravando as crises socioeconômicas e prejudicando os pobres. O uso prudente da publicidade pode contribuir para a melhoria do nível de vida dos povos em desenvolvimento. Mas pode, também, causar-lhes grave prejuízo, se a publicidade e a pressão comercial se torna de tal maneira irresponsável, que as comunidades, que se esforçam por sair da pobreza e elevar o seu nível de vida, vão procurar o progresso na satisfação de necessidades que foram criadas artificialmente. Deste modo, grande parte dos seus recursos é desaproveitada, ficando relegados, para último lugar, o autêntico desenvolvimento e a satisfação das verdadeiras necessidades.

De igual modo, o empenho dos países que procuram desenvolver economias de mercado correspondentes às necessidades e aos interesses humanos – depois de terem sido dominados durante decênios por sistemas centralizados e controlados pelo Estado – é tornado mais difícil pela publicidade que promove atitudes de consumo e valores que ofendem a dignidade humana e o bem comum. O problema agrava-se, particularmente, quando estão em questão a dignidade e o bem-estar dos membros mais pobres e mais fracos da sociedade. É preciso ter sempre presente que existem "bens que, devido à sua natureza, não se podem nem se devem vender e comprar", e é necessário evitar "uma idolatria do mercado" que, ajudada e favorecida pela publicidade, ignora este fato crucial.

3.3.2. Danos Culturais

A publicidade pode ter também uma influência degradante sobre a cultura e os seus valores. Considere-se o agravo cultural, infligido a estas nações e aos seus povos por uma publicidade, cujos conteúdos e métodos refletem os que prevalecem nos países ricos, e estão em conflito com os tradicionais valores sadios das culturas locais. Atualmente, este gênero de domínio e de manipulação através dos meios de comunicação dos países industrializados, é justamente uma preocupação dos países em desenvolvimento em relação aos países ricos, e uma preocupação das minorias de certas nações.

A influência indireta, mas significativamente, exercida pela publicidade sobre os instrumentos de comunicação social, da qual eles dependem economicamente, faz surgir outro receio cultural. Na concorrência para atrair um público cada vez mais vasto e o apresentar aos publicitários, os comunicadores podem ser tentados – submetidos na realidade a pressões explícitas ou implícitas – a negligenciar os valores artísticos e morais nobres das produções, abandonando-se à superficialidade, ao mau gosto e à degradação moral.

Por vezes, os comunicadores cedem à tentação de ignorar as exigências educativas de algumas categorias do público – os jovens, os mais idosos, os pobres – que não se enquadram nas normas demográficas (idade, educação, renda, hábitos em matéria de compra e de consumo) do gênero de público ao qual os publicitários se dirigem. Neste caso, a qualidade e o nível da responsabilidade moral dos meios de comunicação de massa em geral diminuem visivelmente.

Com muita freqüência, a publicidade tende a caracterizar de modo ofensivo certos grupos particulares de pessoas, pondo-os numa situação desvantajosa em relação a outros. Percebe-se isso com freqüência no modo de tratar a mulher. A exploração desta na publicidade é um abuso freqüente e deplorável. "*Quantas vezes ela é tratada não como pessoa com a sua dignidade inviolável, mas como objeto cuja finalidade é satisfazer os apetites alheios de prazer ou de poder! Quantas vezes o papel da mulher como esposa e mãe é minimizado, ou até mesmo ridicularizado! Quantas vezes o papel da mulher, no mundo dos negócios ou da vida profissional, é apresentado como caricatura masculina, negação dos dons específicos da perspectiva feminina, da compaixão e da compreensão, que atribuem de modo tão notável para a civilização do amor!"*

3.3.3. Danos Morais

A publicidade pode ser de bom gosto e harmonizar-se com elevadas regras morais e, por vezes, até pode ser moralmente edificante, mas também pode ser vulgar e moralmente degradante. Com freqüência, ela recorre deliberadamente a motivos como a inveja, a ambição ou a avidez. Hoje, certos publicitários procuram impressionar e confundir as pessoas, usando temas de natureza doentia, perversa ou pornográfica. A pornografia e a exaltação da violência são velhas realidades da condição humana que evidenciam a componente mais torpe da natureza humana. Durante o último quarto de século, adquiriram uma amplitude nova e passaram a constituir um sério problema social. Enquanto cresce a confusão a respeito das normas morais, as comunicações tornaram a pornografia e a violência acessíveis ao grande público, inclusive a crianças e jovens. Este problema, que antes permanecia confinado ao âmbito dos países ricos, começou, com a comunicação moderna, a corromper os valores morais das nações em desenvolvimento.

A publicidade apresenta também alguns problemas específicos, quando trata a religião ou questões que têm uma dimensão moral. No primeiro caso, os publicitários comerciais incluem, por vezes, temas religiosos ou servem-se de personagens ou imagens religiosas para vender determinados produtos. Isto pode ser feito de maneira respeitosa e aceitável, mas esta prática é perniciosa e injuriosa quando explora a religião ou quando a desrespeita.

No segundo caso, a publicidade é acusada para promover produtos e inculcar atitudes e comportamentos contrários às normas morais, como as publicidades que promove o aborto, os produtos perigosos para a saúde e as campanhas de publicidade financiadas pelos governos para controle artificial dos nascimentos etc.

4. Responsabilidade Social das Organizações

4.1. Contribuindo com a Comunidade Local[23]

As pequenas empresas em todos os lugares estão inventando modos de oferecer um retorno para suas comunidades. A Greyston Bakery comanda o programa de criação de empregos para famílias carentes do Bronx. A Southern Kitchens Inc. Minneapolis contrata ex-sentenciados e outras pessoas que dificilmente arrumariam emprego. Muitas empresas iniciam sua filantropia doando dinheiro. Com o passar do tempo, iniciam programas mais ambiciosos. Algumas iniciativas têm o potencial de fazer o bem amplamente, mas, como qualquer outra coisa, precisam ser bem administradas. Esses programas não terão sucesso se os empregados não estiverem interessados, se os resultados forem desencorajadores, ou se, simplesmente, forem conduzidos de modo inadequado.

Quando, porém, os programas funcionam, os empregados, ou consumidores e a comunidade ficam imensamente satisfeitos. Abaixo listamos alguns exemplos:

a) Doe seu próprio produto – Laury Hammel, dos Longfellow Clubs de Massachusetts, doa a utilização das instalações das academias de ginástica para crianças com necessidades especiais. A Saint Louis Bread Co. doa seus produtos não vendidos ao final de cada dia para pessoas sem teto. A Harper/Connecting Point Computer Center de Portland, Maine, doa computadores e serviços de treinamento para membros da comunidade que podem beneficiar-se deles.

b) Envolva outras empresas – O Longfellow organizou uma força-tarefa ambiental na Câmara de Comércio e conseguiu que 50 negócios se comprometessem com dez práticas ambientalmente saudáveis. A Just Desserts, uma confeitaria de San Francisco, envolveu 35 outras empresas na adoção de uma escola local numa área de baixa renda.

c) Alavanque a competência de sua empresa – A Gilbert Tween Associates, uma empresa que seleciona executivos, ensina a organizações não-lucrativas como recrutar, selecionar e reter bons voluntários. A Gardener's Supply em Vermont prepara composto com sobras de comida, fornece esse composto rico em nutrientes para jardineiros e utiliza esse composto para produzir gêneros para a lanchonete de um centro médico.

4.2. Futuro e as Crianças[24]

A Fundação Abrinq pelos Direitos da Criança é uma entidade que se tornou respeitada por suas ações contra o trabalho infantil e em favor da educação das crianças. Oded Grajew acredita que, com vontade política e competência, é possível fazer muito pelo país, especialmente pelos direitos das crianças. Houve muita resistência para levar esses conceitos de não-exploração do trabalho infantil para dentro das empresas, já que a própria sociedade achava que a criança deve trabalhar.

Lembra Oded que a criança pobre trabalhando é o novo ovo da serpente, é a origem da crise de amanhã, pois ou ela pára de estudar, o que quase sempre acontece, ou leva os estudos de uma forma muito precária; e quando crescer estará muito mal preparada para encontrar uma boa colocação no mercado de trabalho. Além disso, existe o risco de ela adquirir diversas doenças para o resto da vida. Então, essa criança sem preparo de hoje será um jovem que, amanhã, estará na marginalidade. É um processo quase natural. Uma pesquisa numa penitenciária de São Paulo mostrou que 95% dos presos de alta periculosidade são ex-trabalhadores infantis.

O Brasil é campeão mundial de desigualdade, com uma das maiores distâncias entre ricos e pobres. Isto faz com que os filhos dos pobres que precisam trabalhar não tenham estudo, enquanto os filhos dos ricos só estudam e têm acesso às boas escolas. O que termina por aumentar ainda mais as desigualdades. Sem falar que uma criança trabalhando é um aluno a menos e um desempregado a mais, porque ela toma o lugar de um adulto. O combate ao trabalho infantil é um programa pela educação, para colocar as crianças na escola. O combate ao trabalho infantil é um programa pela educação, para colocar as crianças na escola. Esse é o trabalho completo. Convém destacar que o trabalho infantil leva a outras questões, como distribuição de renda, política econômica, exploração de mão-de-obra barata, desemprego. O que já fez surgir, em diversos municípios e Estados, programas como o "bolsa-escola", uma forma de garantir uma renda mínima às famílias que mantém as crianças na escola. Isso permitiu que muitas famílias saíssem de uma situação de miséria e reduziu quase a zero a evasão escolar. É um dos exemplos de que, quando a sociedade se convence de que a criança não deve trabalhar, ela busca outras soluções.

5. Considerações sobre Ecologia[25]

A Teologia assume as mesmas preocupações que a crise ecológica apresenta hoje para toda a humanidade. Na verdade, o atual impasse ecológico, que ameaça o presente e o futuro da vida no planeta, revela o quanto a ação humana interfere na natureza, tornando-se responsável pela sua preservação ou destruição.

Neste sentido, a consciência ecológica, que agora está eclodindo com força em todos os povos, produz uma convergência que nenhum outro movimento até hoje conseguiu. Vista em sua dimensão positiva, torna-se base de um entendimento comum, rico em possibilidades de mudanças capazes de corrigir os erros cometidos, e encontrar caminhos novos de vida para todo o planeta.

A crise atual se constitui em forte interpelação, postulando uma revisão profunda que atinja os pressupostos que deram origem ao estilo e à organização atual da vida humana. É uma convocação para as urgentes mudanças que se fazem necessárias, exigindo a conversão das pessoas e das estruturas sociais.

Embora pretenda ter um efeito abrangente, reorientando as relações entre as pessoas e destas com a natureza, o desenvolvimento sustentável é ainda pensado dentro da esfera da economia, e é com esta referência que pensa o social. A novidade que traz é apenas a incorporação da natureza dentro dos custos da produção.

Esta redução ao econômico é inaceitável. Pois, muito mais importante que atribuir um valor material à natureza, é reconhecer o valor próprio da criação. Caso contrário, ela continua reduzida a instrumento utilitarista da pessoa humana. Além disso, não se discute quem paga os custos, e para quem se destinam os benefícios desse desenvolvimento. Não há meio ambiente digno, se permanecem as injustiças e as desigualdades sociais.

A elaboração de propostas de desenvolvimento deve estar subordinada a valores éticos, que garantam os direitos de toda a humanidade e o respeito à criação. Somos convocados pelo Criador a lutar pela integridade da criação, guardando-a e cultivando-a na perspectiva do seu projeto de vida para todos (Gn 1-2 e cf. Jo 10-10). Assim, o ser humano não pode ser considerado em separado do seu meio ambiente. Onde este é agredido e violentado, aí o próprio ser humano é agredido, violentado e ameaçado em sua própria dignidade e sobrevivência. Somos convocados a desenvolver uma ética de co-responsabilidade pelo futuro da criação, empenhando-nos na construção de uma sociedade democrática, social e ecologicamente justa e solidária. Uma ecologia humana exige a aceitação da democracia como valor universal.

À luz de tudo isto, estas são algumas propostas como abertura de caminhos para a solução da questão ambiental:

1) mudar hábitos de vida, superando o consumismo que leva ao desgaste da natureza, e questionando a riqueza e o desperdício (cf, *Centesimus Annus*, nº 36);

2) denunciar o neoliberalismo, que insiste na manutenção do sistema econômico, que gerou as desigualdades entre os povos e a depredação da natureza;

3) acabar com o mecanismo da dívida externa, fator de novo colonialismo, e "hoje um dos mais eficazes instrumentos da diminuição da vida e implantação da morte, instrumento de pecado coletivo e usurpação do domínio de Deus" (CNBB, exigências Ética da Ordem Democrática, nº 36; Conic, Desafios às Igrejas, 1998);

4) suspender os gastos bélicos e aplicar os recursos num plano de reconstrução do planeta, a nível social e de recuperação do meio ambiente;

5) democratizar o acesso e o uso do solo agrário e urbano, e desenvolver uma agricultura ecológica voltada à produção de alimentos sadios para toda a humanidade;

6) desenvolver fontes de energia não poluentes e renováveis;

7) impedir o patenteamento da vida como monopólio de grupos econômicos. Respeitar e valorizar as tecnologias e os projetos de povos dos países periféricos, impedindo sua apropriação indébita;

8) valorizar as iniciativas populares e movimentos sociais como experiências concretas de sustentabilidade, de sobrevivência física e cultural, e de preservação do meio ambiente;

9) criar e ampliar a consciência de que as gerações futuras são nosso próximo, e que devem ser amadas e, portanto, protegidas; respeitar as diferenças entre as pessoas e as culturas, cada uma delas com as suas características e valores;

10) preservar áreas representativas e significativas de todos os ambientes naturais do planeta, independentemente de sua utilidade;

11) promover a integração e a solidariedade entre os povos, especialmente entre os pobres dos países periféricos e dos países centrais, visando a comum responsabilidade na construção de uma nova ordem;

12) conhecer, respeitar e aprender com a experiência milenar de povos indígenas, de comunidades afro-brasileiras, de ribeirinhos, caiçaras e seringueiros, que souberam viver, até os dias de hoje, numa relação respeitosa e harmoniosa com o meio ambiente;

13) empenhar-se para que os seres humanos sejam capazes de exercer as virtudes do zelo, da paciência, da ternura, da compaixão, do amor e da prudência, nas suas relações com os bens da criação, seres vivos ou inanimados, e com os seus semelhantes.

Resumo

A responsabilidade social passou a evidenciar-se a partir da Revolução Industrial com o surgimento dos sistema fabril que provocou a desagregação social das classes menos favorecidas. Com o avanço da tecnologia e, também, das desigualdades sociais, o Papa Leão XIII publica em 1891 a Encíclica *Rerum Novarum* sobre a questão operária. Foi este documento que, pela primeira vez, enfocou a importância da Responsabilidade Social da organização.

Hoje em dia, cresce o número de empresas que estão tomando consciência cada vez mais de que a responsabilidade social organizacional não se restringe somente a obedecer leis e garantir um retorno financeiro competitivo para seus *stockholders*. À medida que os executivos passam a ter mais consciência do número de interessados aos quais devem satisfazer, ampliaram seus critérios de decisão para incluir o respeito e a proteção de direitos básicos do ser humano. Convém lembrar que um dos principais idealizadores do pensamento da responsabilidade social das organizações foi Andrew Carnegie, que em 1899 publicou a sua famosa obra *O Evangelho da Riqueza*.

Por força de interesses corporativos, ainda é comum uma empresa afirmar, através de seu código de ética, seu bom comportamento em relação a seus acionistas, funcionários, clientes e a comunidade onde atua, mas, na prática, a sua atuação tem demonstrado um comportamento totalmente oposto ao fixado em suas normas de conduta, por vezes promovendo agressões ao homem – ambiente subumano de trabalho – e ao meio ambiente, através da exploração predatória e contaminação do ecossistema.

Há duas opções aos meios de comunicação. Ou eles ajudam as pessoas a compreenderem e a realizarem melhor o bem e a verdade, ou tornam-se forças destruidoras, que se opõem ao bem-estar humano. Atualmente, contando com tecnologia de primeira geração, os meios de comunicação social vêm sendo cada vez mais manipulados pelo homem, a serviço do poder econômico.

Comumente, os comunicadores cedem à tentação de ignorar as exigências educativas, o que significa que, ao ser manipulada, a publicidade pode gerar enormes danos culturais. Considere-se o agravo cultural infligido às nações em desenvolvimento por uma publicidade, cujos conteúdos e métodos refletem os que prevalecem nos países ricos e estão em conflito com os tradicionais valores sadios das culturas locais.

Referências Bibliográficas

1. ROBBINS, Stephen Paul. *Administração: mudanças e perspectivas*. São Paulo: Saraiva, 2000, pp. 19-20.
2. STONER, James A. F. e FREEMAN, R. Edward. *Administração*. 5ª ed. Rio de Janeiro: LTC, 1999.
3. CHURCHMAN, C. West. *Introdução à Teoria dos Sistemas*. Rio de Janeiro: Petrópolis, Vozes, 1971.
4. MASI, Domenico de. *Na teoria, a prática é outra*. Administrador Profissional: seção Carreira. CRA/SP, nº 175, dezembro de 2000.
5. MAXIMIANO, Antonio César Amaru. *Teoria Geral da Administração: da escola científica à competitividade na economia globalizada*. 2ª ed. São Paulo: Atlas, 2000. Disponível na Internet em http:/www.shell.com.br/empresas/index.htm.
6. Disponível na Internet em http://www.greenpeace.de/GP_DOK_3P/STU_LANG/C03ST04.PDF. In: CAYFORD, Steven, "*The Ogoni. Uprising: Oil, Human Rights and a Democratic Alternative in Nigeria*". Africa Today, vol. 43, nº 2, apr./june – p. 183, 1996.
7. RELATÓRIO RESERVADO – RR 1153 de 1/6/1999 – *Caso Gennius*.
8. *Periódico Cidade Nova*. Meio ambiente. Ano XLII – nº 4, pp. 38-40, abril de 2000.
9. DAFT, Richard I. *Administração*. 4ª ed. – p. 81. Rio de Janeiro: LTC, 1999.
10. RELATÓRIO DO GREENPEACE de 24/5/2001 – Rio de Janeiro. Denúncia Caso Bayer: Feema. Fundação Estadual de Engenharia de Meio Ambiente confirma denúncia do Greenpeace e comprova contaminação tóxica provocada pela Bayer em Belford Roxo.

11. RELATÓRIO GREENPEACE de 6/7/2001 – caso Monsanto. Disponível na Internet em http://www.greenpeace.org.br. Acessado em 6/7/2001

12. RELATÓRIO RESERVADO – RR0987 de 25/9/1998.

13. Folha de São Paulo de 12/6/1998.

14. Folha de São Paulo de 9/3/1993. In: *Campanha da Fraternidade 2000 Dignidade Humana e Paz – CONIC – Conselho Nacional de Igrejas Cristãs do Brasil.*

15. O Globo de 11/8/1993. In: *Campanha da Fraternidade 2000 Dignidade Humana e Paz – CONIC – Conselho Nacional de Igrejas Cristãs do Brasil.*

16. O Estado de São Paulo de 24/2/1998. In: *Campanha da Fraternidade 2000 Dignidade Humana e Paz – CONIC – Conselho Nacional de Igrejas Cristãs do Brasil.*

17. FEDERAÇÃO DOS TRABALHADORES NA AGRICULTURA – FETAG, Bahia. In: *Campanha da Fraternidade 2000 Dignidade Humana e Paz – CONIC – Conselho Nacional de Igrejas Cristãs do Brasil.*

18. Jornal do Brasil de 26/3/1997. In: *Campanha da Fraternidade 2000 Dignidade Humana e Paz – CONIC – Conselho Nacional de Igrejas Cristãs do Brasil.*

19. O Globo de 19/1/1996. In: *Campanha da Fraternidade 2000 Dignidade Humana e Paz – CONIC – Conselho Nacional de Igrejas Cristãs do Brasil.*

20. CIMI – Informe Semanal de 6/8/1998. Projeto "O Mundo que nos Rodeia". In: *Campanha da Fraternidade 2000 Dignidade Humana e Paz – CONIC – Conselho Nacional de Igrejas Cristãs do Brasil.*

21. CEERT. *Revista do Centro de Estudos das Relações do Trabalho e Desigualdades*, novembro de 1997.

22. CONCÍLIO VATICANO II – *Decreto Inter Mirifica sobre os Meios de Comunicações Sociais*. 1ª ed. São Paulo: Paulinas, 1967.

23. BATEMAN, Thomas S. e SNELL, Scott A. *Administração: Construindo Vantagem Competitiva*. – p. 148. São Paulo: Atlas, 1998.

24. CIDADE NOVA. Ano XLI – nº 10 – outubro de 1999. *O futuro começa pelas crianças.*

25. CNBB. *A Igreja e a questão ecológica – Leitura ético-teológica a partir da análise crítica do desenvolvimento*. São Paulo: Paulinas, 1992.

Módulo III

O Papel da Administração na Sociedade

"O desenvolvimento global do homem somente pode ocorrer num desenvolvimento solidário da humanidade."

Encíclica *Populorum Progressio*

7

Os Desafios da Modernidade

"Administrar apenas pelos lucros é como jogar tênis com o olho no placar, e não na bola."

Blanchard

Introdução

Objetivos deste capítulo:

1) apresentar as conseqüências da Revolução Cibernética na Administração, destacando a submissão do homem à tecnologia;

2) apresentar a revolução da biotecnologia e as reações da sociedade diante da possibilidade do uso irresponsável dessa tecnologia na desenfreada busca do lucro a qualquer custo;

3) conscientizar a sociedade de que o *Lobby* é um instrumento desumano e imoral de obtenção de lucro fácil, através do uso do poder econômico, passando o lucro a ser meio e fim em si mesmo;

4) apresentar as falsas intenções da ALCA e seus reais objetivos – *o lobo travestido de cordeiro*;

5) mostrar que a mudança de mentalidade é o grande desafio deste milênio.

1. Revolução da Cibernética e Conseqüências Sociais

O desenvolvimento sustentável é o novo nome da paz... e que por encontrar-se *"impregnados não de autêntico humanismo, mas de materialismo produzem em nível internacional ricos cada vez mais ricos à custa de pobres cada vez mais pobres"*[(1)].

Considerada uma ciência interdisciplinar, a Cibernética surge como a ciência da informação, da comunicação e do controle, a partir do momento que permite que conhecimentos e descobertas de uma ciência possam ter condições de aplicação a outras ciências. Inicialmente, as aplicações da Cibernética restringiam-se à criação de máquinas de comportamento auto-regulável. Posteriormente, as aplicações estenderam-se para a Engenharia, Biologia, Psicologia, Sociologia, chegando até à Administração.

Com a acelerada automação provocada pela Cibernética, a máquina passou a substituir o cérebro humano.

E essa profunda mudança de comportamento torna-se perceptível a partir do uso difundido de calculadoras eletrônicas e mesmo de celulares que possuem funções de cálculos. A Cibernética está provocando um profundo impacto socioeconômico nas organizações industriais, comerciais e na área bancária. Se por um lado a automação traz algumas vantagens como a agilização de informações e a redução de custos operacionais, e neste campo a Internet assume a liderança da preferência tecnológica, por outro lado, vem provocando um elevado índice de desemprego, a nível mundial.

Por oferecer comodidade e conveniência, a sociedade está aderindo às facilidades oferecidas pela Internet. Atualmente, várias montadoras já vendem veículos zero Km via Internet. No entanto, seu uso indiscriminado vem criando aos usuários, particularmente crianças e adolescentes, a figura da "realidade virtual", que vem eliminando, paulatinamente, a necessidade das relações humanas, cada vez mais escassa em nossa sociedade.

Um outro segmento da Cibernética que está-se expandindo velozmente é o da *inteligência artificial*, inspirada na inteligência humana. Neste campo, convém destacar o surgimento da robótica. Originalmente, o robô foi criado para ser utilizado em condições adversas e insalubres, em operações penosas e desagradáveis, onde o ser humano é castigado pelo calor, pelo ruído ou pela monotonia.

Assim sendo, as empresas estão exigindo, cada vez mais, uma força de trabalho com alto grau de capacidade intelectual, ficando a habilidade manual relegada a um papel secundário no processo produtivo. O uso de robôs se estendeu ultimamente à exploração e ao trabalho espacial, submarino e subterrâneo, à operação de usinas de energia nuclear e a diversas aplicações em química, bioquímica, diagnóstico e terapia biomédica, engenharia genética etc.

A Informática e a robótica tornaram-se, assim, um importante ferramental tecnológico à disposição do homem para promover o seu desenvolvimento econômico e social, pela agilização do processo de decisão e pela otimização da utilização dos recursos existentes. Este avanço tecnológico trouxe profundas implicações na sociedade, nas pessoas e nas empresas, e uma das maiores preocupações da sociedade moderna é total dependência do homem pela máquina.

2. Revolução da Biotecnologia

Segundo Jeremy Rifkin[(2)], a humanidade enfrenta simultaneamente três crises:

1) a diminuição das reservas energéticas não-renováveis;

2) um perigoso acúmulo de gases que aquecem o planeta;

3) um declínio contínuo da diversidade biológica e experiências científicas de genes, com clonagem humana e animal, que vão alterar profundamente as relações do homem com o globo.

Jeremy Rifkin alerta para os benefícios e o elevado preço a ser pago pelas tendências futuras na ciência, tecnologia e economia global, e levanta questões preocupantes sobre o destino da humanidade. Para Rifkin, a era da Biotecnologia já está acontecendo, basta observar o surgimento das poderosas corporações biotecnológicas, as discussões políticas em torno da clonagem de seres humanos e a discriminação genética, os alimentos produzidos pela engenharia genética, a criação de armas biológicas etc.

Cada vez mais utilizado para mapear as informações genéticas, o computador tornou-se um instrumental imprescindível no trabalho dos cientistas para a formação de um banco de dados biológico, matéria-prima fundamental da nova economia global.

Afirma Rifkin que já existem gigantescos complexos econômicos trabalhando com a "bioinformática" moldando o novo mundo "bioindustrial". A biotecnologia está reformulando áreas desde a agricultura e pecuária até a exploração florestal, mineração e energia, passando pela indústria química, medicina, de alimentos e bebidas.

O século da Biotecnologia, segundo Rifkin, trará uma abundância de plantas e animais desenvolvidos pela engenharia genética para alimentar um mundo faminto de fontes de energia e fibras, que irá impulsionar o comércio e construir uma sociedade renovável. Afirma Riftin: *"Há dez anos os EUA acusavam o Brasil de pirataria de software. Atualmente, o Brasil pode acusar os EUA de biopirataria".*

2.1. Transgênicos – Promessas e Riscos[3]

A difusão dos alimentos geneticamente modificados abre uma discussão muito acirrada sobre suas numerosas implicações científicas, alimentares, ambientais e político-econômicas. A polêmica dos alimentos transgênicos voltou à tona em vários países, inclusive no Brasil.

No meio das incertezas em relação a esse assunto, as pessoas dividem-se em grupos favoráveis, contrários e indiferentes. Mas a dimensão que o problema está assumindo em todo o mundo indica que também no Brasil a análise deve ser mais profunda e livre dos condicionamentos financeiros e ideológicos.

Os transgênicos ou "organismos geneticamente modificados" (OGM) são alimentos nos quais foi inserido artificialmente um gene estranho, ou seja, uma molécula de DNA que permite a produção de uma proteína que não existia originalmente naquele organismo. Um detalhe importante: esses genes manipulados podem ser derivados de organismos que até agora não foram usados na alimentação como, por exemplo, componentes da petúnia ou de escorpiões.

Nos Estados Unidos, a revolução biotecnológica foi muito bem aceita, tanto que o país detém três quartos da produção mundial de organismos geneticamente modificados. Também a Europa está planejando introduzir esse tipo de tecnologia em grande escala. Só que, neste caso, o modelo norte-americano não conseguiu, pelo menos até agora, ser seguido de forma irrestrita. O primeiro-ministro da Inglaterra, Tony Blair, que já havia abraçado essa causa, foi obrigado a mudar a sua política devido à pressão da opinião pública que bloqueou o comércio dos transgênicos. Por esse motivo, o governo inglês decidiu suspender, por três anos, o cultivo em escala comercial dos alimentos geneticamente modificados justificando que *"toda nova tecnologia apresenta riscos, e antes de difundir os novos alimentos em ampla escala é melhor que a ciência possa dizer com certeza suficiente quais serão as conseqüências"*.

2.1.1. Posições Contraditórias[3]

Os produtores dos organismos geneticamente modificados defendem que essa tecnologia oferece muitas vantagens. Segundo eles, o consumo dos OGM reduziria o uso de herbicidas e, portanto, forneceria produtos mais sadios, aumentaria a produção, permitiria o cultivo de algumas espécies em ambientes diferentes do original, enfim, resolveria o problema da escassez de alimentos.

Para o grupo que se posiciona contra os transgênicos, as certezas das pessoas que os defendem são mais miragens do que promessas. Um grande risco, segundo elas, é a possibilidade de as empresas produtoras dessas sementes adquirirem o direito de patentear organismos vivos. Há também o risco de que as grandes potências mundiais monopolizem a produção alimentar em escala planetária. Sem falar dos riscos para o ambiente, para a saúde, para o equilíbrio social.

Numa época em que alguns setores científicos e os ambientalistas levantam a bandeira da redução do uso de herbicidas, os produtores de OGM investem em pesquisas visando à obtenção de plantas resistentes aos herbicidas que eles mesmos produzem.

Convém lembrar que, nos Estados Unidos, as sementes transgênicas são vendidas segundo um contrato que obriga os compradores a usar herbicidas da mesma empresa que produz essas sementes, e que proíbe a conservação de grãos recolhidos para serem usados no ano seguinte. E não só: a empresa Monsanto possui a patente da tecnologia *terminator* que torna a semente produzida num ano geneticamente incapaz de germinar no ano seguinte.

Outro problema: os genes introduzidos nos grãos podem transferir-se de uma planta para outra levados pelo próprio pólen ou pelos insetos. Assim, por exemplo, as ervas daninhas poderiam tornar-se resistentes aos herbicidas. Um outro aspecto muito importante é a redução da biodiversidade. Todo ano uma grande quantidade de espécies é extinta, devido à introdução de espécies estranhas a certos ambientes, comprometendo, assim, o equilíbrio ecológico. Com a difusão dos OGM, esse processo tende a se complicar ainda mais.

2.1.2. O Lucro e a Miséria da Humanidade(3)

É importante ressaltar que, desde a introdução das plantas transgênicas, foram registradas grandes perdas nas colheitas de vários produtos. Há, inclusive, o grave risco de desaparecimento de certas populações que, por estarem em regiões específicas, sobrevivem exclusivamente do cultivo e da venda de determinados produtos. Elas não seriam capazes de concorrer com países detentores de tecnologias mais avançadas e que produziriam os mesmos produtos em larga escala e com melhores características.

O continente africano já protestou contra esse fenômeno que pode ameaçar muitas de suas comunidades. Em uma declaração apresentada às Nações Unidas por representantes de 24 Estados africanos lê-se:

"(Nós protestamos) de forma veemente contra o fato de que a imagem da pobreza e da fome de nossos países seja utilizada por empresas

multinacionais a fim de promover uma tecnologia que não oferece segurança, que não é ambientalmente sustentável e que no aspecto econômico é absolutamente desvantajosa. Nós não acreditamos que essas multinacionais ou essas biotecnologias ajudem os nossos agricultores a produzir o alimento do qual necessitaremos no século XXI. Pelo contrário, acreditamos que isso destruirá a diversidade, os conhecimentos locais e os sistemas agrícolas sustentáveis desenvolvidos por nossos lavradores há milênios, e que enfraquecerá a nossa capacidade de matar a nossa fome".

Em relação à saúde, a principal conseqüência dos transgênicos poderá ser o aparecimento de novas alergias e a resistência aos antibióticos. Se a introdução de genes resistentes aos antibióticos nos alimentos for autorizada, esses genes, ingeridos com os alimentos, poderiam passar para as bactérias inócuas do nosso aparelho digestório e, possivelmente, também para eventuais bactérias patogênicas. E qual a conseqüência desse processo? O efeito antibiótico seria anulado. Passaria a existir, portanto, um tratamento a menos e muitas doenças a mais.

2.2. Desafios da Bioética

De acordo com Edwin Black[(4)], em 1934, o Terceiro Reich publicou a *Lei para a Prevenção de Prole com Doença Genética*, já que os pseudoacadêmicos nazistas dedicados à eugenia imbuíram-se da crença na qual o direito humano à vida era função de seu valor líquido para a sociedade nazista. O único valor do Homem é seu valor econômico, a produtividade de seu trabalho humano. E isso só foi possível com o envolvimento direto da IBM com o Terceiro Reich, ao fornecer material humano, tecnologia e cartões Holleriths específicos para o processamento de dados estatísticos que continham registros dos vários riscos que "ameaçavam" o valor da produtividade resultante de doenças, incapacidades, desemprego e não cumprimento de metas ocupacionais.

Novas técnicas que modificam, prolongam ou encurtam a vida humana colocam as questões éticas no centro do debate público internacional. Neste terceiro milênio, os enormes avanços científicos e tecnológicos estão trazendo as questões éticas para o primeiro plano no debate público internacional, especialmente através da bioética[5], uma das mais novas áreas de reflexão sobre a vida, o comportamento e as relações entre os homens. Afinal, nunca se falou e se pesquisou tanto sobre técnicas para modificar, melhorar, prolongar ou encurtar a vida das pessoas. E nunca temas tão complexos e polêmicos como alimentos transgênicos, clonagem de animais e de seres humanos, eutanásia, reprodução artificial, modificações genéticas e conservação de embriões estiveram tão presentes no dia-a-dia de tantas pessoas, sejam elas profissionais ligados à saúde e à pesquisa científica, sejam elas pacientes e familiares envolvidos com algum tipo de doença ou tratamento médico.

Vale destacar, também, a quase inexistência de normas legais para a pesquisa e regulação da maioria das questões, normalmente complexas e polêmicas, relacionadas à biotecnologia e à bioética. Outro aspecto complicador no debate sobre a vida humana e as novas possibilidades tecnológicas é a superficialidade e o sensacionalismo com que esses temas são freqüentemente tratados pela mídia, pouco preocupada em apresentar as questões éticas.

Um dos assuntos que têm suscitado inúmeros questionamentos tanto na comunidade científica quanto no conjunto da sociedade é a clonagem de animais e de seres humanos. Segundo o professor Joaquim Clotet[5], *"a clonagem não pode ser usada como sistema de reprodução, porque quebra a identidade e singularidade do homem"*. O padre Roberto Paz destaca que a clonagem humana altera a ordem natural de geração da vida, além de ferir princípios básicos das relações humanas, já que pretende gerar seres humanos com determinadas características predeterminadas. De acordo com o sacerdote, a Igreja trabalha para conquistar o chamado Código de Defesa do Zigoto, que garantirá o sentido da vida humana, ou da origem dela, a partir da relação amorosa dos pais.

Outro tema bastante discutido pela bioética é o momento da morte e até quando é justo e correto manter uma pessoa viva com o auxílio de aparelhos. A *eutanásia* é um tema bem complexo que envolve um sem-número de aspectos legais, científicos, morais e religiosos. Na outra ponta, lembra o professor Cotet, encontra-se a distanásia: manter a vida artificialmente quando não há qualquer chance de continuidade.

Em relação à *eutanásia*, o padre Roberto Paz reafirma a posição da Igreja, contrária a qualquer tipo de tentativa de abreviar a morte. *"Esse momento de dor, de espera, também faz parte do tempo da pessoa no relacionamento com Deus para a próxima vida"*, explica. No entanto, a Igreja reconhece que manter pessoas com vida vegetativa em UTI's com o uso de aparelhos por tempo indeterminado e com altos custos financeiros para familiares também é questionável. A relação médico-paciente, e suas diversas implicações, é outro aspecto que diz respeito diretamente à ética no campo da saúde. *"Quem consegue fazer o bem à alma e ao espírito já iniciou o processo de cura"*, afirma a psicóloga Lya Divan.

3. *Lobby*: Insensatez da Administração

Definição de *Lobby*, de acordo com o Dicionário Aurélio:

> *"Pessoa ou grupo que, nas ante-salas do Congresso, procura influenciar os representantes do povo no sentido de fazê-los votar segundo os próprios interesses ou de grupos que representam"*.

Em outras palavras, *lobby* é a influência direta exercida junto aos poderes constituídos, com o uso da arma letal que é o poder econômico, na defesa exclusiva das organizações transnacionais que, desprezando a lei, coloca os interesses particulares acima do interesse público.

Ironicamente, o *lobby* é a contra-administração, a contraciência; é a morte dos princípios morais e religiosos. O *lobby* – nova denominação de poder autoritário – processa a inversão dos consagradas princípios de administração clássica, confundindo os profissionais menos atentos a esses acontecimentos. Por exemplo:

***Lobby* e a inversão dos princípios da Administração**	**Princípios da Administração**
Subordinação dos interesses gerais (da sociedade) aos interesses particulares (das transnacionais).	Subordinação dos interesses particulares aos interesses gerais.
Levar vantagem em tudo o que for possível, sem o menor respeito à dignidade humana.	Eqüidade – amabilidade e justiça para alcançar lealdade do pessoal.

O *lobby*[6] constitui a forma mais tradicional e perversa de influenciar o ambiente político. O *lobby* envolve esforços de políticos profissionais ou executivos da empresa para estabelecer canais de comunicação com os responsáveis pela regulamentação, legisladores e suas assessorias.

É projetado para monitorar a legislação, fornecer artigos sobre questões de interesse e outras informações referentes aos efeitos previstos da legislação proposta, conduzir os pontos de vista da empresa sobre questões legislativas aos políticos eleitos e a suas assessorias e tentar influenciar as decisões dos legisladores e conselheiros-chave.

Destaca Gareth[7] que:

> *"Grandes empresas usam o seu imenso poder de* lobby *para moldar o cenário político e criar condições favoráveis para si próprias. Neste sentido, a importância política das multinacionais como poder mundial vem à tona, já que estas freqüentemente se encontram numa posição de exercer significativa influência sobre governos hospedeiros, principalmente quando um país totalmente dependente da presença destas multinacionais.*
>
> *O caso clássico e famoso é o envolvimento da ITT nos assuntos internos do Chile, através da tentativa de bloquear, em 1970, a eleição do presidente marxista Salvador Allende. Conspirando com a CIA, a ITT pretendia criar caos econômico no Chile, incentivando, assim, o golpe militar e oferecendo garantias que iam até sete dígitos para a Casa Branca, a fim de evitar que Allende chegasse ao poder. As multinacionais são importante força política na economia mundial e, na grande maioria, uma força política sem responsabilidade política.*
>
> *O episódio chileno ilustra um conjunto mais geral de problemas relacionados às contradições que surgem quando se permite que fortes poderes autoritários como as multinacionais existam dentro de estados democráticos. Estas empresas se encontram numa posição de ignorar completamente o processo democrático, obrigando governos a reagirem mais aos interesses das empresas do que aos daqueles que os elegeram. Fica assim a economia mundial subjugada por organizações em que o poder do principal executivo freqüentemente ofusca aquele do político eleito e aquele das pessoas às quais a organização se acha destinada a servir".*

4. ALCA: Lobo Travestido de Cordeiro

A Cúpula das Américas, liderada pelos EUA, mentor e principal interessado, referendou decisões anteriores de criar, até 2005, a Área de Livre Comércio das Américas – ALCA. Trata-se de um sonho do governo americano em criar um acordo de livre comércio que se estendesse desde o Alasca (Norte do Canadá) até a Terra do Fogo (Sul da Argentina). É um acordo que visa a unir a economia do Hemisfério para assim aumentar a integração social e política nas Américas[(8)].

Este sonho americano está-se concretizando. É o cumprimento do *NOVUS ORDO SECLORUM – "A Nova Ordem Mundial"* – que, em 1933, o presidente Roosevelt teve o desplante de mandar colocar no verso da nota de um dólar. A Nova Ordem Mundial significa a unificação das economias, das moedas, dos territórios, das políticas e da religião em todo o continente Americano, através da ALCA. É a consolidação definitiva do domínio americano[(9)].

No geral, o principal documento firmado pelos líderes dos países latino-americanos vem carregado de boas intenções também nos aspectos políticos e sociais, além daquele comercial. No aspecto político, procurou reforçar o compromisso de manutenção e fortalecimento da democracia nos países signatários como condição para participação na ALCA. O documento aponta a interdependência entre democracia e desenvolvimento econômico e social como condição fundamental para se combater a pobreza e a desigualdade. Esses dois aspectos foram mencionados como o principal desafio para os países do Hemisfério. Programas de financiamento para pequenas empresas, de educação básica, saúde e treinamento profissional são apontados como saídas para a superação do problema[(10)].

A ALCA é a metáfora do *lobo travestido de cordeiro*. As vantagens que os EUA levam nesse acordo são enormes. Numa proporção de zero a dez, a vantagem do governo americano sobre todos os países do continente americano juntos atinge o grau 8. Isto é, só os Estados Unidos detêm sozinho quase 80% do PIB do continente, o que significa domínio absoluto. Segundos especialistas, pior do que a liberalização do comércio de bens e serviços entre as economias que aderirem à ALCA, é o fato de que os EUA querem criar normas comuns para outras áreas cruciais, como investimentos diretos estrangeiros, compras governamentais, defesa da concorrência e proteção da propriedade intelectual. Ao limitarem a possibilidade de o Estado brasileiro desenvolver as políticas comerciais, industriais e tecnológicas necessárias à economia nacional, as negociações da ALCA tornaram impossível o objetivo de levar o país a participar em pé de igualdade com as grandes potências no cenário internacional[(10)].

A ALCA, apoiada na falta de conhecimento sobre seu significado e no ocultamento da verdade, representa, para os trabalhadores, mais desemprego, mais precarização e menos proteção no trabalho; para os camponeses latino-americanos, alastramento da agricultura empresarial e entrada de produtos agrícolas dos EUA em condições desleais de concorrência. Significa, ainda, a migração dos produtores nacionais, a dependência na importação de alimentos e a ruptura das formas tradicionais de trabalho e de comercialização agrícolas; a falência para os empresários latino-americanos vinculados ao mercado interno e que não foram ainda devorados pelos circuitos internacionais, e a catástrofe ambiental, com a busca do lucro do mercado submetendo e depredando o meio ambiente. Os serviços de saúde passam a ser orientados pela lógica do mercado na qual são atendidos os que podem pagar[(10)].

No comércio, a ALCA sustenta a velha posição de exigir dos latino-americanos o desarmamento aduaneiro e a total abertura e transparência dos mercados, enquanto os EUA mantêm intacto seu sistema de subsídios, suas barreiras não-aduaneiras e suas medidas *antidumping*. Em síntese, as regras são estas[(10)]:

1) adoção de uma definição ampla de investimento, para proteger e beneficiar o capital norte-americano, permitindo a livre flutuação sem sanções;

2) perda de soberania do Estado, pela adoção do princípio jurídico da relação empresa-Estado. Tal princípio obriga o Estado a entregar sua soberania porque aceita que a empresa, ao sentir-se prejudicada em ter seus lucros diminuídos, o denuncie. Essa denúncia seria julgada por um tribunal internacional, fora da jurisdição das leis nacionais do Estado denunciado;

3) utilizar a superioridade em termos de patentes, para bloquear o desenvolvimento médico e farmacêutico, incluindo o tratamento contra a AIDS, e manter o monopólio comercial sobre resultados do conhecimento e saquear os recursos da biodiversidade e conhecimentos tradicionais da América Latina;

4) interferir nas compras do setor público, ao propor que estas sejam feitas com as empresas que tenham maior experiência e volume de negócios, o que equivale a identificar as empresas norte-americanas;

5) livre funcionamento de mercado, sem interferência de monopólio oficial.

Resumindo, a ALCA, o nosso lobo travestido de cordeiro, representa para o povo latino-americano: a perda da soberania nacional, passando o governo a agir como gerente dos EUA; a total dependência econômica, política, tecnológica e monetária; o fim de direitos trabalhistas e desaparecimento da pequena agricultura; a privatização dos serviços públicos, que passam a ser tratados como mercadoria: saúde, educação, previdência; a destruição do meio ambiente: poluição da terra, da água e do ar, a exploração das matérias-primas, dos recursos naturais (florestas, rios, minérios, biodiversidade, plantas medicinais); o reforço dos monopólios privados; a importação de sementes, de comida; mais violência; drogas; migração; fragilização dos laços familiares, completando com a invasão territorial (bases militares, rodovias) e cultural (língua, valores, costumes). E, desta forma, os países latino-americanos perdem definitivamente sua identidade, sua tradição e sua cultura.

5. Visão Míope da Organização

Como a consciência ética do homem está completamente desorientada, diante dos desafios que se levantam atualmente no campo social, econômico, político e científico, a fé e a razão constituem como que as duas asas pelas quais o espírito humano se eleva para a contemplação da verdade... e a verdade plena sobre si próprio.(11)

Por outras palavras, o homem só consegue atingir a sua plenitude através da ação conjunta entre fé e razão. É na fé – antropológica e divina

– que se fundamenta a Teologia, de onde provém a ética. A ciência se baseia na razão humana, surgindo assim a técnica. E, neste contexto, a ética sempre tem primazia sobre a técnica e o homem, sobre as coisas. Afirma S. Agostinho: "*Põe amor em tudo o que fazes e as coisas terão sentido. Retira delas o amor, e tornar-se-ão vazias*". Conforme afirma João Paulo II, "*não há motivo para existir concorrência entre a razão e a fé: uma implica a outra, e cada qual tem o seu espaço próprio de realização*". De acordo com o livro dos Provérbios 25, 2: "*A glória de Deus é encobrir as coisas, e a glória dos reis é investigá-las*".

O homem não pode viver fora da verdade, nem contra a verdade, porque a liberdade o levaria à autodestruição. O homem pode ser definido como "aquele que procura a verdade". Jamais poderia fundar sua vida na incerteza, na dúvida ou na mentira, pois sua existência estaria constantemente minada pelo medo e pela angústia. O homem não pode viver sem a verdade que lhe ensine qual o sentido total da vida. Esta verdade superior só pode ser encontrada no concurso da fé com a razão. "*A fé requer que o seu objeto seja compreendido com a ajuda da razão; por sua vez a razão, no apogeu da sua indagação, admite como necessário àquilo que a fé apresenta.*" De acordo com a encíclica *Fides et Ratio*, ao homem compete o dever de investigar a verdade com a razão, e nisto está a sua nobreza. A razão deve respeitar algumas regras fundamentais, para manifestar do melhor modo possível a própria natureza.

A primeira regra é ter em conta que o conhecimento do homem é um caminho que não permite descanso; a segunda nasce da consciência de que não se pode percorrer tal caminho com o orgulho de quem pensa que tudo seja fruto de conquista pessoal; a terceira regra funda-se no "temor de Deus", de quem a razão deve reconhecer tanto a transcendência soberana como o amor solícito no governo do mundo.

Quando o homem se afasta destas regras, corre o risco de falimento e acaba por encontrar-se na condição do "insensato". Segundo a Bíblia, nesta insensatez encerra-se uma ameaça à vida. É que o insensato ilude-se pensando que conhece muitas coisas, mas, de fato, não é capaz de fixar o olhar nas realidades essenciais. E isto lhe impede de pôr ordem na sua mente (cf. Prov. 1, 7). Lembre-se, a "plenitude do homem" só é possível de ser atingida, quando houver uma verdadeira harmonia entre "Fé e Razão"; "Teologia e Ciência"; "Ética e técnica".

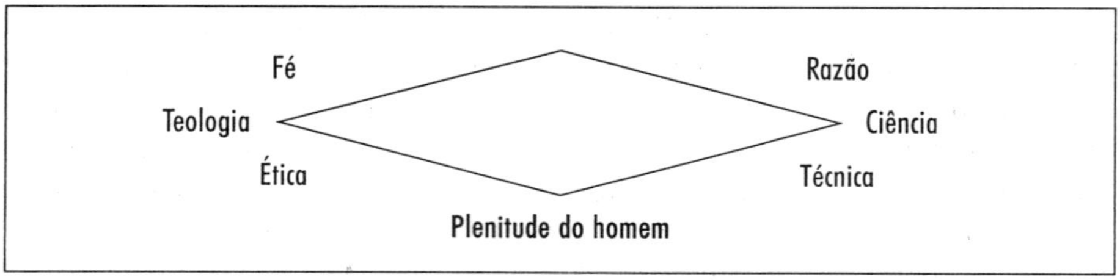

Portanto, a visão míope do administrador profissional nasce a partir do rompimento dessa harmonia entre fé e razão, pondo em risco o equilíbrio entre a organização e a sociedade. É quando o homem desemboca no ceticismo e no niilismo, surgem, a partir daí, as mais perigosas conseqüências éticas e políticas para a humanidade.

Toda vez que se tentar separar a Teologia da Ciência, a fé da razão, conforme mostra a figura a seguir, ocorre uma natural ruptura que conduz a um vazio, e o vazio representa a vida sem sentido, que só tende a comprometer a já frágil convivência pacífica da sociedade moderna.

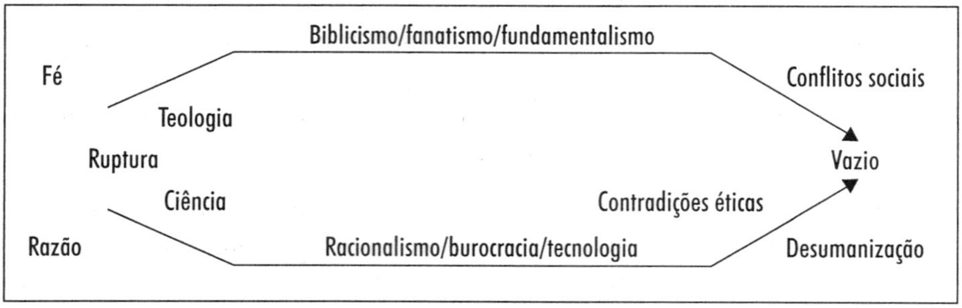

Deve-se ter em mente que, de acordo com a encíclica *Fides et Ratio* de João Paulo II, o biblicismo, o fanatismo e o fundamentalismo representam o extremo do comportamento indesejável e arrogante do homem; é o comportamento humano que, ao não admitir a diversidade de pensamentos, conduz o administrador profissional a uma visão míope.

Assim, se para muitos administradores profissionais, *"ser realista é ganhar dinheiro... nada mais"*, convém lembrar que, *"quase nunca vemos as coisas como elas são. Em geral as vemos da forma como os espertos querem que as vejamos"*. Este raciocínio alimenta ainda mais as contradições do homem e os conflitos organizacionais.

Considerando que *"antigamente, bom era aquilo que fazia bem ao corpo e à alma, e que, hodiernamente, bom é cada vez mais aquilo que faz bem ao bolso"*, pergunta-se: *"E a insatisfação, de onde vem"?* Isto prova que a ciência fundamentada somente na razão, fatalmente, levará o homem a um comportamento individualista, egoísta que valoriza o *ter* menosprezando o *ser*.

Um exemplo extremo de miopia organizacional é o absurdo e ambicioso projeto da *ALCOR Life Extension Foundation*(12), empresa fundada em 1972 nos EUA, que pretende, através do domínio da técnica de ressuscitação, prolongar a vida humana, pelo tempo desejado, a um custo elevadíssimo. Ou seja, a ciência pretende tornar o homem com os mesmos poderes divinos de ressuscitação humana, através da prática da criogenia. Assim, na absurda expectativa de, ao descobrir ao cura da doença causadora da morte, poder dominar a vida humana, a ciência está investindo inutilmente milhões de dólares, para chegar a lugar nenhum.

Este é o maior exemplo de miopia administrativa exercida por uma organização fundada justamente no país considerado o berço da Ciência da Administração. É um contra-senso no campo da Administração. Portanto, se se deixar o mundo exclusivamente nas mãos das ciências, fatalmente haverá a autodestruição do homem pelo próprio homem. E estes sintomas já se fazem sentir no início deste terceiro milênio.

5.1. Mundo Tratado Como Mercadoria

Este foi o grande clamor que emergiu no Fórum Social Mundial, em Porto Alegre: *o mundo não é uma mercadoria!* A vida não é uma mera mercadoria! As sementes não são simples mercadorias! Assim, a luta pelos bens públicos globais, por aquilo que é o patrimônio comum da humanidade é condição imprescindível para que a espécie humana sobreviva.

A ALCA, assunto abordado no Item 4 deste capítulo, apresenta as piores propostas contra o povo latino-americano, tendo como uma de suas conseqüências a privatização dos serviços públicos – saúde, educação, previdência – que passam a ser tratados como mercadoria. O que está em jogo na luta contra o patenteamento de tudo é, nada mais nada menos, que a sobrevivência da espécie humana.

A IBM admitiu, em um comunicado entregue a seus empregados, ter conhecimento que sua antiga filial na Alemanha forneceu aos nazistas máquinas que foram utilizadas para identificar a população alemã.

A máquina, uma precursora dos computadores, era produzida pela Hollerith Machine Company, uma unidade alemã da companhia. A nota foi divulgada após o impacto provocado pelo lançamento do livro *IBM e o Holocausto*, que acusa a companhia de colaborar ativamente com os nazistas na identificação dos judeus, por intermédio da máquina Hollerith, que utilizava um sistema de cartões perfurados para a identificação de pessoal. *"A utilização das máquinas Hollerith pelos nazistas não é algo de novo"*, disse Rob Wilson, porta-voz da IBM.(13)

Segundo a IBM, a máquina era feita por sua filial alemã Deutsche Hollerith Maschinen GmbH (Dehomag), que foi apropriada pelos nazistas "antes e durante a Segunda Guerra Mundial". A IBM também indicou que "não tem muita informação ou registros" sobre as ações de suas filiais antes e durante a guerra. "A maioria dos documentos foi destruída ou perdida".(13)

Os documentos que restaram foram doados para a Universidade de Nova York ou para a Universidade de Hohenheim, em Stuttgart. Segundo a imprensa norte-americana, cinco judeus que foram forçados a trabalhar para o regime nazista pretendem processar a IBM por cumplicidade com o III Reich. Foi apresentada uma denúncia, em um tribunal de Nova York, a favor de dois tchecos, um ucraniano e dois norte-americanos.

Em seu livro, o escritor Edwin Black afirma que a IBM teve um papel fundamental na identificação dos judeus pelo regime nazista, muito além de um simples fornecedor de máquinas e equipamentos(13).

"Quando a Alemanha quis identificar os judeus por seu nome, a IBM mostrou como fazê-lo. Quando a Alemanha quis aplicar esta informação para pôr em marcha seu programa de expropriação e eliminação dos judeus, a IBM proporcionou a tecnologia", destaca Black no livro. Segundo o autor, a IBM prestava um serviço personalizado aos nazistas, com o presidente da empresa, Thomas Watson, envolvido diretamente nas operações do grupo na Europa até 1940(13).

5.2. A Desumana Lógica do Lucro

Os Estados Unidos mantêm uma permanente luta para evitar que o governo brasileiro autorize laboratórios nacionais a produzirem remédios patenteados por empresas norte-americanas. O Brasil tem um programa de combate à AIDS que é um exemplo mundial. Muitas Organizações Não-governamentais (ONG's), como, por exemplo, Médicos Sem Fronteiras, prêmio Nobel da Paz, têm dado um apoio efetivo a esse programa e se opõem às pretensões dos EUA(14).

As ONG's lutam para que os países em desenvolvimento sejam autorizados a fabricar cópias das drogas contra a AIDS, as enfermidades respiratórias e as diarréias infantis. Por exemplo, as multinacionais farmacêuticas gastam somente 0,2% do seu orçamento em Pesquisa & Desenvolvimento na pneumonia, diarréia e tuberculose, que são, no entanto, a causa de 18% da mortalidade mundial, especialmente dos mais pobres. Em alguns países africanos, como o Quênia, religiosos e religiosas decidiram infringir as leis das patentes e se rebelar contra o domínio das multinacionais farmacêuticas. O governo do Quênia, obediente às determinações da OMC, proíbe a importação de genéricos. É a luta do direito à saúde e à vida contra a lógica do lucro(14).

Se, por um lado, no mundo globalizado, se proíbe que os países pobres tenham acesso aos medicamentos que curam os males, em nome da propriedade do conhecimento, e lhes permita viver; por outro lado, os países ricos não se pejam de exportar a morte. Um exemplo dramático é a exportação de farinha animal, provocadora da encefalopatia espongiforme bovina (a doença da vaca louca) pela Inglaterra, origem da enfermidade e país onde se concentra a imensa maioria dos casos registrados dessa epidemia. A Inglaterra exportou milhares de toneladas de farinha animal para os países pobres, entre a primeira descoberta da doença, em meados dos anos 80, e a proibição das exportações, em 1996(15).

Os britânicos suspenderam a alimentação do seu gado com esse tipo de farinha em 1988, mas continuaram a vender o produto a terceiros durante cerca de oito anos ainda. Os outros países da União Européia, igualmente afetados, só proibiram as exportações em janeiro de 2001.

A grande vitória do capitalismo foi ter conseguido transformar tudo em mercadoria. Inclusive a água, as sementes, a natureza, o conhecimento, a informação, enfim, a vida. É interessante notar que 90% dos investimentos para a pesquisa de novos medicamentos sejam empregados para resolver os problemas de saúde de apenas 10% da população mundial que, por comer demais, têm que resolver o problema da obesidade. Além disso, boa parte das pesquisas é financiada por dinheiro público. E mais: por que será que o faturamento dessas empresas crescem de 16% a 18% ao ano[16]?

Os acordos para as patentes de remédios remontam a 1996, um ano após a fundação da OMC, e tinham como objetivo impedir o comércio de produtos falsificados, protegendo a patente e os processos de fabricação. Em prática, o propósito dos acordos é garantir os direitos de propriedade intelectual, vetando a produção local e vinculando a importação e a venda à autorização do titular da patente. Não se pode negar a validade deste acordo, que impede a guerra comercial desleal. Mas, no caso do tratamento anti-HIV, aqueles que reclamam contra a liberação da produção local destes medicamentos – com uma conseqüente considerável diminuição de preços para populações carentes – esquecem que a natureza de um remédio não é exclusivamente comercial e, portanto, não levam em conta um dos artigos desse acordo que prevê a suspensão do mesmo em casos emergenciais de saúde pública. Será que alguém pode colocar em dúvida que a morte de 2,5 milhões de pessoas por ano é um caso emergencial de saúde pública[16]?

5.3. Mudança de Mentalidade: Desafio deste Milênio

Conceitualmente, a elite aparece como um grupo de domínio, em geral minoria, que toma as decisões no interior de uma classe ou grupo social. Para alguns pensadores do início do século XX, a elite seria composta por indivíduos social e economicamente superiores, bem organizados e com objetivos definidos, o que lhe outorgaria o direito de governar a sociedade. Nos livros sobre o assunto, o verbete elite traz a seguinte definição, sob o fulcro da sociologia: Minoria prestigiada e dominante no grupo, constituída de indivíduos mais aptos e/ou mais poderosos[17].

No glossário popular, ficou estabelecido que elite é o que há de melhor em uma sociedade ou num grupo. Já foi dito, no passado, pelos grandes teóricos do liberalismo econômico (que se converteria no atual neoliberalismo), que as sociedades deveriam ser governadas só por membros das elites, por sua sensibilidade, capacidade de gerir negócios e tino na solução de problemas econômicos. Há grupos, classes, institutos de orientação liberal que ainda hoje pensam assim.

O sociólogo americano Wright Mills, analisando a sociedade de seu país, no livro *As elites do poder*, distingue três tipos fundamentais de elite: dirigentes de empresas, líderes políticos e emergentes. Todas, basicamente, recrutadas em um mesmo estrato social e unificadas em termos de objetivos comuns. E é justamente nesses grupos que se observa aquilo que se convenceu chamar de esquemas de sustentação, em que cada grupo busca seu bem-estar, seu lugar-ao-sol, apoiando uns aos outros, do tipo *lobo não come lobo*. Esse comportamento, revelando uma distorção histórica e secular, visa à manutenção do *status quo*[(17)].

Segundo Oded Grajew, existem no Brasil a velha e a nova elite. A velha ajudou a construir o País do jeito que está e ainda luta para manter seus privilégios. Esta não quer mudanças, desistiu do Brasil para investir em si, do tipo salve-se quem puder. São os grandes industriais, latifundiários, especuladores financeiros, donos de empreiteiras e conglomerados, que não buscam uma sociedade organizada e solidária, mas um Estado mínimo, no modelo (neo) liberal, com seu estado próprio, com serviços privados de saúde, educação, segurança, transporte, previdência e justiça[(18)].

Eles constituíram um Estado dentro do Estado e se esqueceram da idéia de nação. Nesse bojo, de onde recende um ranço do mais exacerbado conservadorismo, há uma força poderosa capaz de brecar quaisquer tentativas de reformas, mudanças sociais ou avanços, em especial sociais, trabalhistas ou conjunturais. Dominando há um século o Congresso Nacional, as elites rurais não admitem, por exemplo, que se processe uma reforma agrária adequada e ampla. O máximo que aceitam é uma distribuição de terras, alegórica, politiqueira e ineficaz[(18)].

Para Oded Grajew, hoje, ingressando no século XXI, é possível ver as feições de uma nova elite, mais intelectualizada, politizada e reflexiva, que não participou dos processos conservadores, tem olhos para a realidade e quer mudá-la. No entanto, sabe-se que mudar discurso é relativamente fácil. O custoso é reformar mentalidades e mudar comportamentos[(18)].

De outro lado, ainda se vê, mesmo nesses grupos, uma certa postura cinicamente altruísta de alguns ricos, que invariavelmente inflete na máxima *vão-se os anéis, mas ficam os dedos*. Uma parte da elite nacional, moderna no discurso mas retrógrada na ação, assumiu hoje também o discurso social, não por solidariedade, mas por segurança e comodidade, pois sabe que vai perder os privilégios, mais cedo ou mais tarde. A palavra solidariedade tem aparecido, ultimamente, muito nas bocas e nos discursos dessa elite nacional. Não é raro se escutar um jovem empresário ou político falando em excluídos, mais pobres, classes sofridas etc., sem que isso, no entanto, resulte em políticas mais eficazes, transformadoras ou de resgate de séculos de omissão ou ação predadora[(18)].

De acordo com Oded, o Brasil é o país com a pior distribuição de renda do planeta, é um dos mais mal colocados no *ranking* da qualidade de vida, tem problemas sérios na área de direitos humanos, atenção à infância e improbidade oficial. Por descaso ou omissão, os ricos, os capitalistas, os donos de grandes glebas de terra sempre fizeram parte da elite brasileira, e como tal se tornaram culpados, por ação negativa, indiferença ou omissão, de todo o atual estado de coisas. A população, as OGN's, os movimentos populares e determinadas igrejas da linha popular têm contribuído para pressionar as elites[(18)].

Observa ainda Oded que, atualmente, vivemos, pela miséria do povo (e pela insensibilidade das elites), uma fase semelhante à da França, um ano antes da *queda da Bastilha*. Estamos sentados em cima de um barril de pólvora, cujo estopim está queimando e não sabemos seu comprimento. Como não poderia ser diferente, as elites estão cientes do risco que correm e, por isso, se apressam em mudar seu comportamento.

Hoje, por exemplo, mais de 40% dos consumidores já levam em conta o grau de envolvimento e responsabilidade social das empresas na hora de comprar serviços ou produtos. Essa responsabilidade social se caracteriza pelos cuidados com o meio ambiente, com a instauração de programas sociais, qualidade de emprego oferecida a seus funcionários e outras vantagens em favor da pessoa. O empresário brasileiro está entrando – e isso é auspicioso – num processo de conscientização de seu papel na sociedade e das suas possibilidades de exercer e contribuir para uma cidadania plena. As elites, não é difícil concluir, já deram um passo significativo no campo da mudança de mentalidade. Falta apenas implementar a prática[18].

Resumo

Com a acelerada automação provocada pela Cibernética, a máquina passou a substituir o cérebro humano. A automação trouxe vantagens como a agilização de informações e redução de custos operacionais, porém vem provocando um elevado índice de desemprego, a nível mundial.

A diminuição das reservas energéticas não-renováveis, o perigoso acúmulo de gases que aquecem o planeta e o declínio contínuo da diversidade biológica e experiências científicas de genes, com clonagem humana e animal, que alteram profundamente as relações do homem com o globo, representam atualmente questões preocupantes sobre o destino da humanidade.

A difusão dos alimentos geneticamente modificados abre uma discussão muito acirrada sobre suas numerosas implicações científicas, alimentares, ambientais e político-econômicas. Por um lado, o uso de transgênicos reduziria o uso de herbicidas, o que possibilitaria aumentar a produção e fornecer produtos mais sadios e baratos. Por outro lado, o maior risco é a possibilidade de as empresas produtoras de sementes geneticamente modificadas adquirirem o direito de patentear organismos vivos.

Novas técnicas que modificam, prolongam ou encurtam a vida humana colocam as questões éticas no centro do debate público internacional. Vale destacar a quase inexistência de normas legais para a pesquisa e regulação da maioria das questões relacionadas à biotecnologia e à bioética. Convém destacar que a clonagem não pode ser usada como sistema de reprodução, porque quebra a identidade e a singularidade do homem.

O *lobby* constitui a forma mais tradicional e perversa de influenciar o ambiente político. Grandes organizações utilizam o seu imenso poder de *lobby* para moldar o cenário político e criar condições favoráveis para si próprias.

A ALCA é a metáfora do *lobo travestido de cordeiro*. As vantagens que os EUA levam nesse acordo são enormes. Numa proporção de 0 a 10, a vantagem do governo americano sobre todos os países do continente americano juntos atinge o grau 8. Isto é, os EUA sozinho detêm 80% do PIB do continente, o que significa domínio absoluto.

A visão míope do administrador profissional surge quando o homem desemboca no ceticismo e no niilismo, provocando, assim, perigosas conseqüências éticas e políticas para a humanidade, considerando que o mundo passa a ser tratado como mercadoria. Dois são os exemplos significativos de miopia organizacional: a ALCOR e a IBM. A ALCOR pretende invadir o campo da metafísica e dominar a técnica de ressuscitação para prolongar a vida humana, mas a um custo elevadíssimo. Igualmente arrebatador é o drama humano de um das mentes mais brilhantes de nosso século, o fundador da IBM, sr. Thomas Watson, que cooperou com os nazistas por amor ao lucro.

A mudança de mentalidade neste início de terceiro milênio já está ocorrendo. Atualmente, mais de 40% dos consumidores já levam em conta o grau de envolvimento e responsabilidade social das empresas na hora de comprar serviços ou produtos.

Referências Bibliográficas

1. CONFERÊNCIA DE PUEBLA. *Evangelização no presente e no futuro na América Latina*. – p. 33, item 19. São Paulo: Paulinas, 1979.

2. RIFKIN, Jeremy. *O Século da Biotecnologia – A Valorização dos Genes e a Reconstrução do Mundo*. São Paulo: Makron Books, 1999.

3. CIDADE NOVA. *Ciência – Transgênicos*. Ano XLI – nº 11, pp. 10-12, novembro de 1999.

4. BLACK, Edwin. *IBM e o Holocausto*. 4ª ed. Rio de Janeiro: Campus, 2001.

5. CIDADE NOVA. *Ciência – Os desafios da bioética*. Ano XLII, nº 4, pp. 18-19, abril de 2000.

6. BATEMAN, Thomas S. e SNELL, Scott A. *Administração: construindo vantagem competitiva*. São Paulo: Atlas, 1998, p. 150.

7. MORGAN, Gareth. *Imagens da organização*. São Paulo: Atlas, 1996, pp. 311-312.

8. CAMPANHA NACIONAL CONTRA A ALCA. São Paulo: Loyola, 2002.

9. PEDROSO, Ediberto Tadeu. *Administração e os Novos Paradigmas*. Rio de Janeiro: Qualitymark, 2004, p. 75.

10. CAMPANHA NACIONAL CONTRA A ALCA. São Paulo: Loyola, 2002.

11. JOÃO PAULO II, Papa. *Carta Encíclica Fides et Ratio*, nº 116. São Paulo: Paulinas, 1998.

12. http:// www.alcor.org. Acessado em 12/2/2002.

13. BLACK, Edwin. *IBM e o Holocausto*. 4ª ed. Rio de Janeiro: Campus, 2001.

14. RAINHA DOS APÓSTOLOS. *Direito à saúde × lógica do lucro*. Ano 78, nº 923 – pp. 10-11, junho de 2001.

15. RICUPERO, Rubens. *Exportadores da morte*. Folha de São Paulo de 25/2/2001.

16. CIDADE NOVA. *Atualidade: AIDS no jogo de interesses financeiros*. Ano XLII, nº 6, junho de 2001.

17. RAINHA DOS APÓSTOLOS. *O novo perfil das elites*. Ano 78, nº 923 – pp. 13-15, junho de 2001.

18. *ISTO É* de 31/1/2001.

8

Papel da Administração na Sociedade

"A palavra, bem utilizada, é um eficaz instrumento de transformação da sociedade, e tem, ainda, um poder extraordinário para transfigurar o ser humano, ao fazê-lo redescobrir-se para dentro de si mesmo seus talentos, indispensáveis para sua própria realização."

Introdução

Objetivos deste capítulo:

1) mostrar que o Terceiro Setor também necessita de administradores competentes para atingir os objetivos sociais das organizações não-lucrativas;

2) apresentar a Microempresa como uma solução tecnológica capaz de somar simplicidade com complexidade, por meio da inteligência. E, por estar ao alcance de cada pessoa que toma a iniciativa, mostrar que é também uma empresa-cidadã;

3) apresentar uma nova alternativa de gerenciar organizações de forma eficaz e mais humana, devidamente comprovada, inspirada na ambiciosa e moderna proposta de administrar empresas através da Economia de Comunhão (EdC);

4) mostrar o papel do administrador na sociedade, à luz de uma administração cada vez mais humana e eficaz.

1. Terceiro Setor

1.1. Organizações Não-lucrativas

O crescimento no número de entidades sem fins lucrativos[1] mantidos pela sociedade civil e a perspectiva de que este segmento ocupará um largo espaço nas funções que deveriam ser providas pelo Estado estão levando algumas Faculdades a se preocuparem em formar profissionais para administrá-las, segundo afirmações do professor Luís Carlos Merege. Não é de hoje que se diz que o terceiro setor será um grande mercado de trabalho no futuro. Futuro? Ele já chegou, o mercado existe, está crescendo e deve-se fortalecer. Escolas de Administração já estão trabalhando na formação de profissionais para atuar na área. Embora não haja nenhum registro oficial, estima-se que existam no Brasil cerca de 200 mil Organizações não-lucrativas, e que dois milhões de pessoas estão empregados nessas organizações.

Nos Estados Unidos, afirma Merege, o terceiro setor movimenta mais de 600 bilhões de dólares anualmente e absorve um contingente de 12 milhões de trabalhadores remunerados, mais uma infinidade de pessoas que atuam como voluntárias. Lá, o terceiro setor vem crescendo vertiginosamente. Em 1990, movimentava cerca de 300 bilhões de dólares por ano, ou seja, em um período de nove anos dobrou de tamanho.

O fenômeno não é localizado nos EUA. Em países da Europa como Itália, França e Alemanha, o terceiro setor já movimenta, anualmente, mais de 3% do PIB de cada país. O professor Merege crê que haverá um efeito multiplicador no setor. *"O conceito de terceiro setor é novo, vem do início da década de 90. Foi aí que apareceram os primeiros estudos que o mensuraram. Mas as Organizações Não-lucrativas já existem de longa data; a organização da sociedade civil é a base de qualquer civilização"*, afirma Merege. Segundo ele, antes o terceiro setor não tinha visibilidade porque conhecíamos apenas as organizações privadas e o Estado. Mas hoje, com o novo modelo de desenho da sociedade, a tendência é que haja um inter-relacionamento de todos os setores.

Para o prof. Merege, no Brasil, a questão social deve ser tratada como prioridade número 1. A mídia tem consciência disso e dá um espaço cada vez maior para organizações não-lucrativas. Merege afirma que o número de Organizações não-lucrativas (ONL's) está crescendo com grande rapidez. Por isso, as universidades estão investindo na formação de centros de estudos, cursos, palestras e concursos. Nas ONL's, há um grande tráfego de pessoas influentes na sociedade, é uma verdadeira rede de pessoas, muito organizadas em termos de "relações públicas", afirma. Merege afirma que pretendia "abrir a cabeça" dos estudantes de Administração de Empresas para a área social. Com isso, ele acredita que a escola está contribuindo para formar uma nova geração de Administradores.

No Brasil, a legislação não favorece a área social, mas Merege acredita que o governo está preparando terreno para dar isenções. Há uma lei que cria a "Organização da Sociedade Civil de Interesse Público" e as ONL's que se enquadrarem nessa categoria deverão ter alguns benefícios. O próximo passo deve ser voltar a permitir que doações sejam abatidas do Imposto de Renda, o que vai facilitar muito.

Um exemplo de sucesso de gestão de escassez(2)

A Dra Zilda Arns Neumann, médica pediatra e sanitarista catarinense, transformou a Pastoral da Criança num modelo de gestão da escassez. A próxima etapa é a informatização de quase 300 pontos da Pastoral, o que vai melhorar o fluxo de informações e ajudar na disseminação de melhores práticas. A Pastoral assim conseguiu o alcance que tem hoje: em 1993, o Fórum Internacional de Nutricionistas escolheu seis experiências internacionais de destaque, e a Pastoral da Criança foi uma delas. Eles destacaram seis pontos fortes.

1) A política definida. A Pastoral sempre foi fiel à sua política de reduzir a mortalidade infantil e a desnutrição.

2) Ações simples, facilmente replicáveis e cientificamente comprovadas. Entre elas, o soro caseiro, a prática de pesar as crianças e a multimistura (complemento alimentar com farelo de trigo, casca de ovo e folhas verdes).

3) O sistema de capacitação. Por que as líderes gostam da Pastoral? Porque aprendem muito lá.

4) O sistema de informação. Com ele, consegue-se demonstrar resultados e avaliar os pontos fracos da gestão.

5) O envolvimento comunitário como protagonista da transformação. Quem faz o trabalho é a comunidade. Se ela não aceita a Pastoral, nada funciona.

6) O sistema de articulação. No trabalho social, você nunca está sozinho, precisa de parceiros dos mais diversos tipos. Precisamos tanto dos profissionais que dão treinamento como dos voluntários que visitam as famílias nas favelas.

A gestão da Pastoral consiste em centralizar a burocracia e descentralizar a missão. A descentralização da missão foi inspirada na passagem bíblica que narra quando Jesus mandou que outros fossem distribuir os pães e os peixes (Cf Lc 9,16). Então, é necessário descentralizar, porque uma pessoa sozinha não dá conta. Por outro lado, os voluntários não gostam de correr atrás de dinheiro, por isso a burocracia é centralizada. Com apenas um contador e um ajudante fazemos toda a contabilidade dos recursos arrecadados, conclui a Dra Zilda.

1.2. Cooperativismo

1.2.1. Surgimento do Cooperativismo

Em função do crescente desemprego e da exploração da mão-de-obra, provocado pela Revolução Industrial, um grupo de tecelões resolve fundar uma sociedade denominada "Sociedade dos Probos Pioneiros de Rochdale", constituindo assim em 21/12/1844 no bairro de Rochdale, em Manchester (Inglaterra) a primeira cooperativa de trabalhadores industriais. Tendo o homem como principal finalidade, e não o lucro, os tecelões de Rochdale buscavam naquele momento uma alternativa econômica para atuarem no mercado, frente ao capitalismo ganancioso que os submetiam a preços abusivos, exploração da jornada de trabalho de mulheres e crianças (que trabalhavam até 16 horas) e do desemprego crescente advindo da Revolução Industrial.

É a partir da constituição dessa pequena cooperativa de consumo que começariam a mudar os padrões econômicos da época, dando origem ao movimento cooperativista. Logo no primeiro ano de funcionamento o capital da sociedade aumentou para 180 libras e dez anos mais tarde o "Armazém de Rochdale" já contava com 1.400 cooperantes. O sucesso dessa iniciativa passou a ser um exemplo para outros grupos.

O cooperativismo evoluiu e conquistou um espaço próprio, definido por uma nova forma de pensar o homem, o trabalho e o desenvolvimento social. Por sua forma igualitária e social, o cooperativismo é aceito por todos os governos e reconhecido como fórmula democrática para a solução de problemas socioeconômicos e de libertação do trabalhador dos vínculos patrimoniais.

1.2.2. Sistema Cooperativista

A valorização da união entre as cooperativas existe desde o seu surgimento, e hoje elas estão organizadas internacionalmente. A entidade que coordena esse movimento nos cinco continentes é a Aliança Cooperativa Internacional – ACI. Criada em 1895 e atualmente sediada em Genebra, Suíça, essa associação não-governamental e independente reúne, representa e presta apoio às cooperativas e suas correspondentes organizações, que objetiva a integração, a autonomia e o desenvolvimento do cooperativismo. Em 1946, o movimento cooperativista representado pela ACI – Aliança Cooperativa Internacional foi uma das primeiras organizações não-governamentais a ter uma cadeira no Conselho da ONU – Organização das Nações Unidas. No âmbito do continente americano, essa articulação é feita hoje pela Organização das Cooperativas da América – OCA, fundada em 1963. Essa entidade tem sua sede na cidade de Bogotá, Colômbia, e integra as representações de 20 países, incluindo o Brasil. A representação de todo o sistema cooperativista nacional cabe à OCB – Organização das Cooperativas do Brasil, constituída no dia 2/12/1969, durante o IV Congresso Brasileiro de Cooperativismo.

1.2.3. Cooperativismo no Brasil

O embrião do cooperativismo surge em 1610, com a fundação das primeiras reduções jesuíticas no Brasil, isto é, com o início da construção de uma espécie de estado cooperativo em bases integrais. Por mais de 150 anos, esse modelo deu exemplo de sociedade solidária, fundamentada no trabalho coletivo, onde o bem-estar do indivíduo e da família se sobrepunha ao interesse econômico da produção. A ação dos padres jesuítas se baseou na persuação, movida pelo amor cristão e no princípio do auxílio mútuo (mutirão), prática encontrada entre os indígenas brasileiros e em quase todos os povos primitivos, desde os primeiros tempos da humanidade.

Porém, é em 1847 que surge o movimento cooperativista no Brasil, através do médico francês Jean Maurice Faivre que, adepto das idéias reformadoras de Charles Fourier, fundou, com um grupo de europeus, nos sertões do Paraná, a colônia Tereza Cristina, organizada em bases cooperativas. Essa organização, apesar de sua breve existência, contribuiu na memória coletiva como elemento formador do cooperativismo brasileiro.

1.2.4. Um Exemplo Concreto

Vamos examinar este interessante exemplo de constituição de uma cooperativa(3). O catador de materiais recicláveis foi o primeiro agente ambiental das grandes cidades. Mais que os ecologistas, os números demonstram isto: 80% do material proveniente da reciclagem passaram pelas mãos do carroceiro, ignorado quando não alvo de preconceito por ser migrante e maltrapilho. Essa classe já se movimenta, há mais de dez anos, para conseguir a regulamentação da profissão, segundo declaração de um dos fundadores da Cooperativa dos Catadores de Papel e Material Reaproveitável (Copamare), em São Paulo.

É um bom momento para entender a função que esse agente ambiental desempenha. Esclarece ainda que os carroceiros não pegam só papel; é, também, plástico, alumínio, metal, ferro, vidro e outros materiais. Quando pegamos, por exemplo, o papel, deixa-se de cortar árvores; se é alumínio, cai a extração de bauxita; se é plástico, os gastos na produção de petróleo também caem, explica o dirigente da Cooperativa.

Só à Copamare chegam, por mês, de 170 a 200 toneladas de material recolhido das ruas. A tarefa da cooperativa é enviar tudo à indústria, que depois completa o ciclo da reciclagem. O papel volta a ser papel e pode ser reaproveitado, assim como os outros itens.

Algumas organizações estreitam os laços de integração com o cooperado. A Cooperativa de Reciclagem Unidos pelo Meio Ambiente – Cruma – coordena um projeto com os filhos dos catadores, em Poá. "*Trabalhamos com eles o preconceito de serem filhos de lixeiros, em geral migrantes. Agora, eles participam na população a consciência da dignidade do trabalho*". Para alguns analistas e instituições, a questão do desemprego pode ser resolvido pelo apoio à microempresa. Herbert de Sousa, o Betinho, defendia ardorosamente esta posição. Em artigo publicado em julho de 1977, dois meses antes de morrer, ao analisar a questão do desemprego, ele afirmava: "*A microempresa é uma solução política, pois tem a dimensão da possiblidade humana*".

A prova disso é que, de cada dez empregos criados no Brasil, seis são oriundos do setor. Não se trata de tornar grande a microempresa, mas de fazer milhares por todo o planeta. A grande empresa é um dinossauro com data marcada para morrer. A microempresa é a vida resistindo e renascendo a cada dia. É uma solução econômica porque torna viável, a partir de uma, cinco, 15 ou 20 pessoas, uma determinada atividade produtiva. É, portanto, generalizável. A microempresa é uma solução tecnológica porque é capaz de somar simplicidade com complexidade, por meio da inteligência. E, principalmente, por estar ao alcance de cada pessoa que toma a iniciativa e é também uma empresa-cidadã. É uma solução humana e solidária, porque é o único caminho existente para gerar trabalho, distribuir renda e estancar o crescimento da miséria.

2. *Ombudsman*: Exercício da Cidadania(4)

A instituição do *ombudsman* está-se disseminando rapidamente entre as grandes organizações; pouco se conhece sobre quem é o profissional que está desempenhando o papel, visto não existir uma formação acadêmica própria para esta atividade. *Ombudsman* é um termo de origem sueca que possui como significado central a proteção dos direitos individuais e fiscalização das leis.

Em se tratando de tradução livre para a nossa língua, poderíamos utilizar os termos *mediador*, *intermediário* ou *representante*. A terminologia original *ombudsman* foi assimilada e adotada em diversos países, porém, em outros, foi objeto de adaptações locais como no caso da França *le médiatéur* e nos países de língua espanhola, *defensor del pueblo*.

No Brasil, ainda que seja normal encontrar-se a terminologia original, é também comum encontrar-se a terminologia *ouvidor*. Acredita-se que a adoção do termo *ouvidor* possa estar vinculado a razões históricas, visto que, ainda que com certas diferenças conceituais, o *ouvidor* existe no Brasil desde o início de sua própria história. É possível que, com o decorrer do tempo e/ou com a edição de publicações especializadas sobre o tema, a terminologia original *ombudsman* possa vir a prevalecer conforme já ocorreu em outras situações similares como, por exemplo, com *marketing* que em seu início recebeu entre nós as mais diversas denominações.

Já existem inclusive *sites* na Internet funcionando como se fossem *ombudsman virtuais*. São espaços abertos aos internautas para que possam reclamar de empresas privadas ou instituições públicas. Até o PROCON (SP), organismo cujo foco principal é a defesa do consumidor, possui seu próprio *ombudsman* para atender aos seus clientes, ou seja, àqueles que o procuram para reclamar de algo ou alguém e que, por algum motivo, não ficam satisfeitos com o atendimento, andamento e/ou resultados no decorrer de sua demanda.

3. Economia de Comunhão (EdC): uma Proposta Inovadora[5]

A *Economia de Comunhão* (EdC) é, com certeza, um projeto ambicioso que busca administrar as empresas destinando os lucros para quem tem necessidade, e não para enriquecer-se. Em 1991, com a visita de Chiara Lubich à Mariápolis Araceli, teve início, no Brasil, o *Projeto Economia de Comunhão*, fruto maduro do empenho socioeconômico do Movimento.

Diante do dramático quadro social do Brasil, reconhecendo a generosidade e a prontidão de seu povo, Chiara sentiu a urgência de fazer algo. De fato, assim escreveu em seu diário:

"(...) erradicar a coroa de espinhos, como o cardeal de São Paulo, Dom Paulo Evaristo Arns, chama o cinturão de pobreza e miséria que circunda a cidade repleta de arranha-céus (...) Se São Paulo, em 1890, era uma vila, e agora é uma floresta de arranha-céus, podemos ver o que é capaz de fazer o capital nas mãos de alguns e a exploração de muitos. Por que – perguntou-se – tamanha potência não se orienta à solução dos imensos problemas do Brasil? Porque falta o amor ao irmão, porque domina o cálculo, o egoísmo... Precisamos crescer até o ponto em que o bem caminhe por si. A esperança existe – ou melhor – a certeza".

Diante desta constatação, três fatores impulsionaram Chiara a lançar naqueles dias o projeto que inicialmente chamou *PROJETO BRASIL: a prática contínua da comunhão dos bens* no Movimento, a exemplo das primeiras comunidades cristãs; a existência das *"Mariápolis permanentes"*, verdadeiros laboratórios nos quais se experimenta o que seria uma sociedade regida pelos princípios evangélicos; e a Encíclica *Centesimus Annus*, na qual o Papa convida à solidariedade também num sistema econômico com dimensão planetária. Com isso, amadureceu na mente de Chiara o projeto da Economia de Comunhão na Liberdade, ponto de passagem da comunhão de bens entre as pessoas e grupos à comunhão de bens dentro de um sistema econômico. Trata-se da criação ou da reestruturação de empresas, pequenas ou grandes, entendidas como comunidade de pessoas, cujos proprietários livremente distribuem os lucros de acordo com o novo critério.

A novidade está na distribuição dos lucros para três finalidades:

1) consolidação da empresa com justos salários e respeito às leis vigentes;

2) ajuda aos necessitados e criação de postos de trabalho;

3) sustento a estruturas aptas para formar homens capazes de viver a cultura da solidariedade, a cultura da partilha.

Esta idéia foi acolhida primeiramente no Brasil, com entusiasmo e concretitude, e logo se estendeu pelos cinco continentes. Estão nascendo empresas desse tipo em toda parte, implantadas por membros do Movimento, com capital e tecnologia partilhadas também entre as nações e continentes.

Alguns estudos sobre esta experiência estão sendo elaborados, e o próprio Papa João Paulo II, em Santo Domingo, em outubro de 1992, indicou a urgência de uma economia de comunhão (pela primeira vez usou esta expressão) para superar o desnível entre o Norte e o Sul do planeta.

3.1. Raízes e Fundamentos

Onde quer que seja apresentada a Economia de Comunhão (EdC), o Brasil torna-se conhecido, como ponto de partida e atuação desse projeto reconhecidamente atual e necessário.

A notícia do projeto chegou até a KBS, emissora televisiva coreana que enviou uma equipe de reportagem para documentar esta interessante solução para combater o grave problema da pobreza. A audiência foi surpreendente e uma nova visão do Brasil pôde ser assimilada, segundo o que o jornalista informou posteriormente. Em Medellin, Ercília Fiorelli, empresária brasileira, juntamente com Rodolfo e Henrique Leibholz, também empresários, no *Congresso Internacional sobre Gerenciamento de Sustentação*, promovido pela Universidade de Antioquia, apresentou as raízes e os fundamentos da Economia de Comunhão, ilustrando-a com experiências pessoais, que tiveram repercussões promissoras.

Hoje são aproximadamente 750 as empresas, de várias dimensões que, no mundo, aderiram ao projeto. Na América Latina, aproximadamente 200, das quais 80 no Brasil; na Europa, 300. Um número discreto na América do Norte e na Ásia, especialmente nas Filipinas, e algumas outras na África e na Austrália. São 20 entre teses e monografias já concluídas sobre a Economia de Comunhão, em diferentes Universidades dos cinco continentes.

Faculdades na Europa, Austrália, América Latina estão organizando seminários e congressos para estudar o desenvolvimento desta nova experiência. Em vários Congressos de Economia, o projeto foi apresentado e ilustrado com experiências concretas da Economia de Comunhão, em especial sobre a realidade brasileira, como em Medellin, Lion, Londres (Oxford), Budapeste, Piacenza, Lublin.

Em Lion, Lublin e Budapeste, o Projeto foi apresentado pela socióloga brasileira, Vera Araújo, que atualmente integra o Centro de Estudos do Movimento, com sede em Roma. Em 1996, Chiara Lubich recebeu o doutorado *honoris causa*, em Ciências Sociais, da Universidade Católica de Lublin, na Polônia. Um dos motivos da entrega da laurea *ad honorem* foi justamente devido à Economia de Comunhão.

O decano da Faculdade de Ciências Sociais, prof. Adam Biela, ao pronunciar a *laudatio*, enfatizou que hoje

> *"as ciências sociais buscam uma síntese dos princípios, um paradigma capaz de vencer o crescimento das ambições individuais, do excesso de autonomia do indivíduo e dos grupos elitistas que não levam em consideração o bem das outras pessoas. Um paradigma capaz de vencer a rivalidade crônica que muitas vezes é motivo de comportamentos agressivos, e também a crescente desproporção entre uma camada de pessoas que enriquecem de modo injusto e pessoas jogadas às margens da miséria, do desemprego, sem teto. (...) Portanto, as ciências sociais buscam um paradigma que ajude a tornar mais civilizada a realidade social, que transforme extensas áreas de desintegração, de conflitos, de guerras e de mortes insensatas, preparadas por homens para outros homens, em espaços de integração, concórdia e benevolência recíproca entre os homens (...) É necessário propor um programa de integração social que mostre ao povo novas dimensões psicológicas, sociais, econômicas, mas também religioso-espirituais... um programa para a construção da unidade nas famílias, nos grupos profissionais, nas comunidades locais e nas relações econômicas. (...) Chiara Lubich criou um fenômeno social que pode ter o significado de uma revolução copernicana nas ciências sociais".*

É significativo o fato de que os primeiros reconhecimentos oficiais saiam do Leste Europeu e da América Latina. Em abril-maio de 1998, Chiara Lubich recebeu um doutorado h.c. da Universidade Estadual da capital argentina; no Brasil, foi-lhe conferido um outro doutorado *honoris causa* em "Economia" pela Universidade Católica de Pernambuco – UNICAP, pela sua inspiração do projeto da Economia de Comunhão, um novo caminho econômico aberto diante da insatisfatória resposta do capitalismo e do comunismo.

3.2. Testemunhos de Organizações Associadas

3.2.1. Relato do Empresário Rodolfo Leibholz

O relato histórico de Rodolfo Leibholz da Femaq – Fundição, Engenharia e Máquinas – empresa de Piracicaba ligada ao Projeto Economia de Comunhão – EdC[(6)], que investe no social e ganha reconhecimentos ambientais, com recordes de produtividade nacional e internacional. Líder nacional na produção de peças de grande porte (até 30 toneladas) para a indústria automobilística, a empresa, com sede em Piracicaba (SP), teve no ano de 2000 um faturamento de cerca de 15 milhões de reais e lucro aproximado de 1,35 milhão.

A Femaq destina uma parte de seus lucros aos 80 funcionários e outra ao Projeto Economia de Comunhão (EdC), que, no mundo inteiro, beneficia 10 mil pessoas carentes.

Numa prova de que produtividade e solidariedade podem andar juntas, a empresa, no ano 2000, obteve da General Motors do Brasil, pela terceira vez, o prêmio de melhor fornecedor na América Latina. A conquista significa prioridade em novos investimentos. Os critérios considerados pela multinacional foram: qualidade do produto, eficiência no atendimento e rapidez na entrega.

"O sucesso profissional não satisfazia as nossas aspirações mais profundas, queríamos que, no trabalho, o nosso agir correspondesse aos princípios cristãos da Doutrina Social da Igreja, que visa ao homem e não simplesmente ao lucro", lembra Henrique Leibholz, 57 anos, também engenheiro mecânico e metalúrgico.

Naquele ano, os diretores realizaram uma assembléia de um dia, em que os funcionários puderam apresentar reclamações e sugestões. O evento foi considerado uma loucura no meio empresarial. O sindicato dos metalúrgicos ficou desconfiado. *"Os sindicalistas achavam que queríamos, com a assembléia, descobrir um meio de burlar conquistas salariais obtidas por eles na época."* As reuniões continuam acontecendo até hoje, mensalmente, embora com duração menor. Segundo a diretoria, a "loucura" resultou também em aumento de produtividade e da competitividade.

Quanto às dúvidas da oposição sindical, um dos resultados concretos das assembléias foi a participação nos lucros, definida com os trabalhadores, que se realiza há dez anos. *"Somos pioneiros em proporcionar uma autêntica participação dos lucros porque destinamos uma porcentagem real dos lucros aos empregados"*.

"O que se faz no mercado é a distribuição de uma quantia em dinheiro determinada por um acordo entre a direção das empresas e o sindicato", explica Rodolfo. Naturalmente, nas outras empresas, esta quantia, em geral, não aumenta quando o lucro é maior. Também não diminui quando o lucro cai. *"Que participação e sentimento de responsabilidade o empregado pode ter com este método?"*, pergunta ele. Uma das características das empresas envolvidas com a Economia de Comunhão é o esforço de reduzir, a ponto de eliminar, os prejuízos causados ao meio ambiente.

A Femaq recebeu em 2001 o certificado de participação Prêmio de Mérito Ambiental, da Federação das Indústrias do Estado de São Paulo (Fiesp). Das milhares de fábricas paulistas, a fundição ficou entre as dez com os projetos mais eficazes de proteção à natureza. *"Neste grupo todas eram grandes multinacionais, exceto a Femaq"*, explica Rodolfo. O reconhecimento da Fiesp é devido ao destino dado ao resíduo da areia utilizada pelos moldes na produção, que, além do problema ambiental, gera despesa porque o seu depósito deve ser mantido pela empresa, aumentando o preço do produto.

Na Femaq, o reaproveitamento do resíduo é de 90% e os 19% restantes servem à produção de blocos de cimento para a construção civil. "Cada quilo de material fundido gera de três a cinco quilos de areia residual", explica Henrique. A produção do ano 2000, 6.413 toneladas, dá a dimensão da degradação ambiental e do desperdício evitados pelo projeto ambiental da empresa. Além disso, a fábrica de blocos produz 10 mil unidades por mês, dando emprego a cinco pessoas. Um aparelho recuperador separa as substâncias químicas da areia a ser reutilizada. O que sobra desse processo, aproximadamente 10% do material, transforma-se nos blocos. O projeto rendeu ainda à empresa o Certificado de Destaque Ambiental, concedido pelo Conselho Municipal de Defesa do Meio Ambiente de Piracicaba (Condema), além de moções honrosas da Câmara dos Vereadores.

"Baseados em princípios cristãos, já dávamos aos funcionários participação nos lucros e benefícios concretos, além da prioridade à ética no relacionamento com fornecedores e clientes e com o Estado. Quando Chiara lançou a EdC, o modelo se completou. A empresa entrou num projeto econômico solidário voltado para toda a sociedade", diz Henrique. A Femaq chegou a produzir – no ano de 2000 – 101 toneladas por homem ano, à frente da média brasileira, que era de 35, da americana que era de 66 e da japonesa, que estava em torno de 75 toneladas.

"Com a EdC adquirimos uma convicção inabalável de que devemos prestar contas a Deus pelos talentos e bens que recebemos. Mas não podemos, por exemplo, apresentar um relatório a Ele. Não. Nós devemos fazer essa prestação aos nossos funcionários, clientes e fornecedores. A ajuda aos necessitados fecha o ciclo. É um caminho árduo. Está aí todo o sistema capitalista convencional contra nós. Mas é assim que nos realizamos plenamente, como empresários, como pessoas, como filhos de Deus", conclui Rodolfo.

3.2.2. Relato do Empresário Armando Tortelli

Armando Tortelli, proprietário e diretor da Prodiet Farmacêutica(6), narra como a Economia de Comunhão resolveu, na práxis de sua empresa, o dilema lucro e solidariedade.

Quando Chiara Lubich veio ao Brasil, em 1991, e lançou o Projeto Economia de Comunhão (EdC), afirma Tortelli, a nossa empresa, a Prodiet Farmacêutica, já existia há dois anos. Para mim, ter uma empresa significava apenas um interesse pessoal, pois o objetivo era o sustento da nossa família; a empresa não possuía um fim social claro e específico. A EdC, apesar de ter vindo ao encontro do meu modo de agir no âmbito pessoal – eu já procurava viver a espiritualidade da unidade, que me estimulava a fazer a comunhão dos bens –, me levou a um grande questionamento: será que a nossa empresa estava preparada para aderir a um projeto tão grande?

Chiara falava dos princípios morais e cristãos, mas também da competência profissional. Eu me considerava, sobretudo, competente na arte de comprar e vender. Entendi, então, que deveria remodelar a empresa, porque a Economia de Comunhão criou em mim uma nova mentalidade, clara, concreta. Mostrou-me um novo agir econômico, comenta

Tortelli. E mais, somos distribuidores de medicamentos. A nossa atuação se dá em hospitais e por meio de licitações públicas. Somente no Paraná, temos 120 concorrentes. Mas, apesar disso, há um grande mercado nesta área porque o Brasil é um país de dimensões continentais e é o oitavo consumidor de medicamentos do mundo.

O primeiro passo, continua Tortelli, foi organizar a empresa e contratar novos profissionais, para torná-la eficiente. Naquela ocasião, fiz uma grande descoberta: Deus e os negócios podem caminhar juntos. Antes do lançamento da Economia de Comunhão – embora com toda a minha boa vontade e acreditando nos valores evangélicos –, quando eu entrava no mundo da economia tudo se transformava, tinha a impressão de ser sugado pela prática capitalista.

A partir de então tornei-me consciente, afirma Tortelli, de que é possível viver no campo do trabalho a mesma experiência que vivo no âmbito pessoal. Desse modo, desencadeou-se uma revolução. Nasceu um novo relacionamento com os concorrentes. Eu tinha sido treinado por empresas multinacionais que consideravam o concorrente alguém a ser literalmente eliminado. Em vez disso, entendi que o concorrente está no mercado para ser tratado pelo que é: um homem; é alguém com quem devemos conviver.

Continuando seu relato, diz Tortelli: Entendi que o centro de toda a atividade econômica é o ser humano. Quem está por trás de um concorrente? O ser humano, o homem. Quem está por trás do fornecedor? O homem. Quem está por trás de um funcionário? O homem. O homem está no centro de tudo. Sabemos que não adianta treinar funcionários, torná-los especialistas em suas funções, se não existe outro elo, invisível, mas tangível, que torna o todo da empresa competente. De fato, foi o que começou a acontecer a partir da reestruturação da empresa. Nasceu um novo relacionamento entre os funcionários da empresa.

Naquele período, afirma o principal executivo da Prodiet, nós crescemos numa faixa de 20% ao ano; e é interessante observar que o número de empregos cresceu mais do que este percentual: quando começamos tínhamos 15 funcionários, hoje temos 80. Cada pessoa admitida nos dá uma alegria enorme.

Tivemos a oportunidade de fazer uma experiência relacionada à Campanha da Fraternidade que, em 1999, tratava da questão do desemprego. Eu e minha esposa, afirma o diretor da Prodiet, em resposta ao apelo da Igreja, decidimos criar uma vaga de emprego. Na verdade, não tínhamos necessidade de fazer contratações. Havia, porém, setores em fase de crescimento, e podíamos prever a ampliação de algumas áreas; no caso, o almoxarifado. É incrível como o Evangelho pode, de fato, ser tomado como referencial para o agir econômico.

Por exemplo, confirmamos muitas vezes que a frase de Jesus: "Dai e vos será dado" é uma realidade também em nível empresarial. Houve um tal incremento nas vendas que, em seguida, admitimos mais cinco funcionários para o almoxarife e outros setores.

Certa vez, comenta Tortelli, tive de fazer uma palestra sobre a experiência da Prodiet, e um dos funcionários me pediu que eu não me esquecesse de falar sobre a dimensão ética. Realmente, durante todos esses anos, fomos estimulados pelo empenho em fazer tudo muito bem, segundo os princípios morais cristãos. Apesar disso, surgiram muitas oportunidades para ganhar dinheiro fácil, principalmente, com a compra de medicamentos de origem duvidosa. Mas a nossa postura foi sempre aquela de trabalhar de acordo com a ética. Na época em que explodiu o escândalo dos medicamentos falsificados, além de ficarmos ilesos, nós crescemos, porque o mercado nos conhecia e confiava no nosso trabalho.

Ainda naquele período, uma pessoa que nos enxergava como concorrente mudou de ramo e passou a ser nosso fornecedor. Ele deixou a empresa na qual trabalhava e nos mandou uma carta na qual dizia que na nossa empresa ele não havia encontrado apenas uma pessoa diferente, mas um grupo de pessoas que pensa e age dessa mesma maneira.

Em passado recente, conta Tortelli, vivi uma experiência interessante: estava numa igreja e me sentia tranqüilo, tinha a impressão de que não me faltava nada. Tinha família, trabalho, estava descansando... Eu me considerava uma pessoa feliz. Fui, porém, tomado por um pensamento: tudo isto não me basta, era preciso estar preparado para o que pudesse acontecer, para responder positivamente aos desafios que pudessem surgir. Saí daquela igreja convicto de que esta deveria ser minha postura.

Quando cheguei em casa, recebi um telefonema de um amigo convidando-me a investir no Pólo Empresarial Spartaco, que reúne, em Cotia (SP), sete empresas da EdC, abrindo lá uma filial da Prodiet. Imediatamente lembrei-me do momento vivido na igreja e entendi claramente que era Deus quem me pedia que tomasse essa decisão. Não pensei duas vezes e aceitei o convite. Viemos para o Pólo Empresarial Spartaco de um modo muito profissional, para produzir bens e capital, a fim de poder compartilhar os lucros com os necessitados.

E mantemos o firme propósito de trabalhar com a mesma seriedade com a qual trabalhamos no Paraná. Entretanto, não conhecemos o mercado de São Paulo. Ele é como um monstro que está na nossa frente, pois sozinho corresponde ao dobro do potencial de todo o Sul do Brasil. Mas nós estamos aqui por uma causa nobre, por uma grande causa. E acreditamos no nosso sucesso.

Enfrentamos quotidianamente os problemas que todos os empresários enfrentam, afirma o diretor da Prodiet, não gozamos de nenhum benefício e de nenhuma vantagem; lutamos como todos e pagamos os impostos. Nós contratamos um especialista em tributação. Do ponto de vista legal, pagar os impostos não é virtude, é obrigação. Percebemos que recolher os tributos exige uma atitude anterior, exige planejamento, competência, caso contrário não se consegue arcar com todos os impostos.

A nossa luta é igual à de outras empresas. Posso testemunhar, porém, que a Economia de Comunhão produz frutos e realiza o empresário. Para concluir, diz Tortelli, posso dizer que o fim social que caracteriza a Prodiet me leva a considerá-la não como uma propriedade privada, mas sim como um patrimônio da humanidade.

4. Papel da Administração na Sociedade

A administração deve utilizar a tecnologia como meio de desenvolvimento intelectual, desde que respeitada a dignidade humana em prol da promoção humana, onde o equilíbrio humano e construtivista torna-se indispensável para se atingir a integração interdisciplinar do pensamento administrativo. Assim, dentro do enfoque da humanização da administração, a preocupação não é "humanizar a tecnologia", mas, "humanizar o homem para usar humanamente a tecnologia".

4.1. Heranças da Administração

Presencia-se ainda, hoje em dia, uma crescente e perigosa desumanização da sociedade. E uma das principais causas dessa acelerada desumanização, provém, em primeiro lugar, do tratamento que as organizações nacionais e transnacionais vêm dando ao trabalho humano, inclusive à mão-de-obra qualificada, considerando-a como um mero fator de produção ou uma simples mercadoria.

Em segundo lugar, vem a exploração do trabalho humano, que se originou na Revolução Industrial, onde homens, mulheres e crianças eram forçados a trabalhar até 17 horas por dia, sem alimentação e intervalos para descanso. Esse tratamento desumano, muito embora sob diferentes formas, ainda continua crescendo assustadoramente, com conseqüências gravíssimas para a sociedade, neste terceiro milênio.

Verifica-se, nos dias de hoje, o aumento, nacional e internacional, do tráfico de drogas, o brutal crescimento do desemprego, o aumento do índice de criminalidade em todas as camadas da sociedade, o elevado índice de analfabetismo, etc., elementos estes que geram *ad infinitum* um permanente desequilíbrio na relação capital *versus* trabalho.

Muitos estudiosos admitem que as raízes da Administração como uma ciência encontram-se no Período Renascentista, considerado o embrião da Revolução Industrial, que se iniciou em meados do século XVIII. E é justamente a partir da Revolução Industrial que surgem as primeiras teorias da administração, cujo centro das preocupações vai ser a busca da eficiência, e a total coisificação do trabalho humano.

Assim, para melhor compreender a importância do papel da Administração, torna-se necessário conhecer as diferentes visões, definições, conceituações e interpretações apresentadas por diferentes estudiosos da administração e examinar o significado de cada uma delas.

4.2. Definições e Conceituações da Administração

De acordo com Eunice Lacava Kwasnicka(7), *"a palavra administrar tem vários significados. Não há um padrão universalmente aceito para a definição do termo administração. O próprio Aurélio aponta, em seu dicionário, essa multivariedade de significado, como: gerir, ministrar, conferir. Entretanto, quando se trata de negócios, é importante a busca de um consenso em seu significado. Portanto, administrar é um processo pelo qual o administrador cria, dirige, mantém, opera e controla uma organização"*.

Comentário:

Note que, aqui, a autora apenas apresenta uma definição para a terminologia administração, ao enumerar as funções do administrador, inspiradas na proposta original apresentada por Fayol.

Para David R. Hampton(8), *"chama-se Administração o trabalho envolvendo a combinação e direção da utilização dos recursos necessários para atingir objetivos específicos"*.

Comentário:

Conforme se pode observar, Hampton considera Administração e Trabalho como tendo o mesmo significado. Trata-se de uma definição muito elementar e racionalista, onde o que se busca, inegavelmente, é apenas o lucro, sem nenhuma preocupação com a responsabilidade social da organização. E, neste sentido, fica bem clara a idéia da Administração como sendo uma via de mão única.

Segundo Idalberto Chiavenato(9), *"a palavra administração vem do latim* ad *(direção para, tendência para) e* minister *(subordinação ou obediência) e significa aquele que presta um serviço a outro. No entanto, a palavra administração sofre uma radical transformação no seu significado original. Assim, a Administração é o processo de planejar, organizar, dirigir e controlar o uso de recursos a fim de alcançar objetivos"*.

Comentário:

Chiavenato faz um breve relato histórico da origem e do sentido da Administração, e apresenta a tradicional definição de administração, ao enumerar as funções do administrador, inspiradas na proposta original de Fayol.

Patrick J. Montana e Bruce H. Charnov[10] qualificam a Administração como sendo o "*ato de trabalhar com e por meio de pessoas para realizar os objetivos tanto da organização quanto de seus membros*. Conclui ainda que... *a administração é tanto uma ciência como uma arte*".

Comentário:

É interessante observar que Patrick confunde a administração como ciência com a arte de administrar. João Catarin Mezomo bem esclarece esta confusão ao afirmar que: "*Administração é uma ciência, e Administrar... é uma arte*". O que significa dizer que os métodos, as funções, as técnicas, os procedimentos e os princípios são válidos e universalmente aceitos, dando à Administração o *status* de ciência. O problema é se o administrador saberá:

a) escolher o método – princípio ou técnica – adequado;

b) utilizá-lo no momento certo;

c) manejá-lo corretamente.

Convém lembrar que, se alguém chamar a isto de *contingência*, não estará errado.

Em sua obra *Administração*, Stephen Robbins e Mary Coulter[11] assim definem a administração: "*O termo administração se refere ao processo de fazer com que as atividades sejam realizadas, eficientemente e eficazmente, com e através de outras pessoas. Ou seja, a Administração busca a eficiência e a eficácia*".

Comentário:

Fica bem evidenciado aqui que, na visão de Stephen, a empresa vive em função do lucro e só para o lucro. O resto não interessa. O homem? Este apenas faz parte da engrenagem administrativa. É o apêndice da máquina administrativa; uma visão profundamente arraigada no racionalismo.

Para Andrew J. Dubrin[12], os conceitos de administrador e de administração estão interligados. Ainda fazendo uma breve referência a Peter Drucker, Andrew destaca que: *"administração é a prática específica que converte uma multidão em um grupo eficiente, orientado para certas metas de produtividade. E mais, o termo administração se refere ao processo de utilização de recursos organizacionais para atingir objetivos institucionais, através das funções de planejar, organizar e alocar pessoas, liderar e controlar. Além de ser um processo, o termo administração também é usado para designar uma disciplina específica, para as pessoas que administram, é como a escolha de uma profissão".*

> *Comentário:*
>
> Aqui está bem clara a intenção do autor: preocupar-se tão-somente com a produtividade e com a lucratividade. É como jogar tênis de olho só no placar e não na bola.

Antonio Cesar Amaru Maximiano comenta o seguinte em sua obra *Teoria Geral da Administração*[13]: *"A administração é processo ou atividade dinâmica, que consiste em tomar decisões sobre objetivos e recursos. A principal razão para o estudo da administração é a existência de organizações. Quanto a sua importância social, a administração é o processo que procura assegurar a eficácia e eficiência das organizações".*

> *Comentário:*
>
> Ao afirmar que a administração procura assegurar a eficácia e a eficiência das organizações, o prof. Maximiano está tão-somente confirmando o já tradicional paradigma da administração: a empresa vive só para o lucro e tão-somente para o lucro. Em outras palavras, trata-se da confirmação da posição de Milton Friedman que defende como única responsabilidade social da empresa a maximização dos lucros.

Joseph A. Litterer[14] conceitua a *Administração* como *necessidade social*, isto é, a Administração é uma função social que consegue que as coisas sejam realizadas. Enfatiza ainda que a Administração passa a ser uma função social necessária à medida que a interdependência dos indivíduos torna-os incapazes de regular, integrar e controlar suas atividades diretamente.

A necessidade e o aparecimento da Administração ocorreram no momento em que as pessoas ficaram interdependentes e não mais puderam ter, espontaneamente, a coordenação de que necessitavam.

De acordo ainda com de Litterer, a Administração aparece como resposta a uma necessidade das atividades coletivas das pessoas. E mais, houve época em que as empresas podiam funcionar como instrumentos de lucro, permitindo que os proprietários dissessem, como Vanderbilt, *"que se dane o público"*. Concluindo seu pensamento, Litterer afirma que: *"A Administração é importante para cada um de nós, de duas maneiras: como membros de uma sociedade em que ela tem um tremendo impacto, e como membros de organizações em que ela exerce influência direta"*.

> *Comentário:*
>
> A interpretação que se faz desta conceituação apresentada por Litterer, é a de que *"a Revolução Industrial provocou um crescimento acelerado e desorganizado, através de associações, incorporações e fusões, fazendo surgir então as grandes corporações que, pelas dimensões que o empreendimento ganhou, obrigaram os empreendedores a transferirem a direção de seus negócios aos administradores profissionais"*. Litterer apenas evidencia a transferência de comando da organização para o administrador profissional.

Richard I. Daft[(15)] destaca em sua obra, *A mudança de paradigma*, um conjunto de idéias que apresenta uma forma fundamental de pensar, perceber e entender o mundo. Segundo ele, o *paradigma tradicional* pressupõe que o *objetivo da administração* é controlar e limitar as pessoas, buscar a estabilidade e a eficiência, usar regras e regulamentos, projetar uma hierarquia de cima para baixo para dirigir as pessoas e alcançar um bom resultado (lucro).

O *novo paradigma*, segundo Richard, pressupõe que o *objetivo da administração* é combinar o entusiasmo das pessoas com a criatividade; encontrar uma visão compartilhada, normas e valores; compartilhar a informação e o poder; estimular o trabalho em equipe, a colaboração e a participação; e desenvolver as pessoas para que se adaptem às mudanças ambientais extraordinárias e garantam a eficácia na primeira linha da demonstração de resultados, a das vendas totais. Ambos os paradigmas estão guiando as ações de administração no mundo de hoje. Complementando, Richard I. Daft assim define a administração: *"Administração é a realização dos objetivos organizacionais de uma forma eficaz e eficiente, através do planejamento, da organização, da liderança e do controle dos recursos organizacionais"*.

> *Comentário:*
>
> De imediato podemos observar que, segundo Richard I. Daft, há na administração, dois paradigmas em disputa, o paradigma tradicional e o novo paradigma. Richard mostra que o *paradigma tradicional*, baseia-se na premissa de que o *objetivo da administração* é controlar e limitar as pessoas, buscar a estabilidade e a eficiência, usar regras e regulamentos, projetar uma hierarquia de cima para baixo para dirigir as pessoas e alcançar um bom resultado (lucro).

Examinando este primeiro paradigma – tradicional –, fica bem evidenciado que o *objetivo da administração* restringe-se em controlar e limitar as ações dos operários. Estes, por sua vez, são compelidos a vender a sua força de trabalho a um preço vil, o que possibilita, então, à custa de enormes sacrifícios dos trabalhadores, a obtenção de elevadíssimos lucros aos empreendedores.

Em suma, está bem claro que o *objetivo da administração* é a exploração do homem pelo homem, em benefício de poucos, isto é, a obtenção de polpudos lucros a um elevado custo social. Convém aqui lembrar a famosa frase do Papa João Paulo II: *"A cada propriedade corresponde uma hipoteca social"*.

Para Richard, o *novo paradigma* considera esta a nova visão do *objetivo da administração*: *"combinar o entusiasmo das pessoas com a criatividade; encontrar uma visão compartilhada, normas e valores; compartilhar a informação e o poder; estimular o trabalho em equipe, a colaboração e a participação; e desenvolver as pessoas para que se adaptem às mudanças ambientais extraordinárias e garantam a eficácia na primeira linha da demonstração de resultados, a das vendas totais"*.

Apesar de apresentar uma nova conceituação, observa-se claramente que o *objetivo da administração* está inteiramente voltado à busca de resultados, onde o capitalismo selvagem vale mais que o trabalho humano.

Fazendo um paralelo entre os paradigmas apresentados por Richard I. Daft, temos o seguinte quadro:

Paradigma Tradicional	Novo Paradigma
Controlar e limitar as ações dos operários para obter bons resultados.	Estimular o trabalho em equipe, a colaboração e a participação para atingir as "vendas totais".

Depreende-se daí que nos dois paradigmas apresentados ainda continua a exploração do homem pelo homem. Mudam-se somente os critérios: de punitivo para indutivo, e sempre na expectativa de obter-se maiores lucros possíveis para os empreendedores, sem nenhuma sinalização numa possível distribuição dos lucros.

E é isto que caracteriza basicamente a diferença entre *capitalismo* – que trabalha com um índice delimitado de lucratividade e admite a participação dos trabalhadores nos lucros do empreendimento – e *capitalismo selvagem* – que não aceita delimitações nos índices de lucratividade e nem admite pensar-se em uma possível participação dos empregados nos lucros das empresas. Portanto, enquanto os lucros são privatizados, os prejuízos devem ser sempre socializados.

4.3. Tendências da Administração

A conscientização da importância da Teologia na Administração vem despertando curiosidade e aumentando o interesse em saber como conciliar conceitos e definições entre a ciência da Teologia, que dá ênfase nos aspectos *espirituais*, com a ciência da Administração, que destaca, fundamentalmente, aspectos tecnológicos, ambientais e comportamentais – estes últimos, associados à mente e ao corpo do ser humano. As empresas estão cada vez mais interessadas em saber como a espiritualidade pode melhorar a cultura do trabalho.

Atualmente, um número cada vez maior de trabalhadores está organizando atividades no local de trabalho, que envolvem valores espirituais – desde grupo de oração a estudo do Torah, passando por intervalos de meditação budista – como uma forma de encontrar harmonia no trabalho, pois a promessa de um gordo cheque de pagamento ou de uma boa promoção não impede que muita gente ainda tenha um sentimento de vazio no fim do dia.

Estabelecer um vínculo direto entre a espiritualidade e a administração de uma empresa permite aos funcionários envolver-se mais intensamente em serviços comunitários. Convém à alta administração trazer seus valores religiosos para o ambiente de trabalho, bem como o seu agir ético. Isto faz com que seus funcionários sintam que estão trabalhando para uma organização cujas prioridades vão além da demonstração de resultados.

Em vez de promover palestras sobre produtividade, qualidade e desempenho profissional, muitas organizações estão convidando especialistas para falar aos trabalhadores sobre como eles podem encontrar significado nas suas vidas.

Existe realmente um anseio pelo bem-estar espiritual no ambiente de trabalho. Um número cada vez maior de consultores administrativos, teólogos e funcionários argumenta que muitos locais de trabalho se tornam estéreis, desalentadores e sem significado, levando o funcionário a se perguntar: O que exatamente estou fazendo aqui? Se o trabalho é a expressão criativa do espírito humano, então, obviamente, faz sentido, para as pessoas interessadas em dar vazão a sua criatividade, levantar questões de espiritualidade.

O interesse na espiritualidade no ambiente de trabalho é, em grande parte, a confluência de duas tendências. A primeira é o profundo anseio espiritual que está fazendo aumentar a popularidade de retiros espirituais, meditação espiritual e livros sobre a fé. A segunda é uma preocupação de que a tecnologia está desumanizando as empresas. Quando as pessoas começaram a estabelecer uma ligação entre saúde e produtividade, muitas empresas começaram a instalar salas de ginástica, agora veio a saúde espiritual.

A nossa expectativa é a de que esta obra venha a despertar e estimular cada vez mais o aprofundamento ao estudo da Ciência da Administração sob o enfoque da Teologia, por assumir a Administração um importante papel na humanização da sociedade. Segundo Élie Wiesel, prêmio Nobel da Paz de 1986, *a sabedoria humana está anos-luz atrasada em relação à ciência.*

4.4. Homem: Protagonista na Construção de uma Sociedade mais Humana

A dignidade da pessoa humana sempre deve ser defendida, mas não deve constituir no uso desenfreado da própria liberdade. E uma liberdade a serviço do prazer, não limitada por norma alguma, é o que exigem os protagonistas da campanha a favor do aborto. A dignidade do homem deve pautar pela utilização justa e responsável da liberdade humana. *"É nosso dever lutar a favor do homem, não raro, contra o próprio homem, nas profundezas dos corações humanos e das consciências humanas"*.(16)

Neste pronunciamento, por ocasião do encerramento do Concílio Vaticano II, em dezembro de 1965, o papa Paulo VI destaca o homem, tal como ele se apresenta na sociedade, e a sua importância na construção de uma sociedade mais humana e fraterna(17):

> *"Na verdade, a Igreja, reunida em Concílio, entendeu sobretudo fazer a consideração sobre... o homem, o homem tal qual ele se mostra realmente no nosso tempo: o homem que vive; o homem que se esforça por cuidar de si mesmo; o homem que não só se julga digno de ser como que o centro dos outros, mas também não se envergonha de afirmar que é o princípio e a razão de ser de tudo. Todo o homem fenomênico revestido dos seus inúmeros hábitos; o homem que lamenta corajosamente os seus próprios dramas; o homem que não só no passado mas também agora julga os outros inferiores, e, por isso, é frágil e falso, egoísta e feroz; o homem que vive descontente de si mesmo, que ri e chora; o homem versátil, sempre pronto a representar; o homem rígido, que cultiva apenas a realidade científica; o homem que como tal pensa, ama, trabalha, sempre espera alguma coisa, à semelhança de um rebento fecundo perto da fonte; o homem sagrado pela inocência da sua infância, pelo mistério da sua pobreza, pela piedade da sua dor; o homem individualista, dum lado,*

e o homem social, do outro; o homem laudator temporis acti *(que elogia a si próprio), e o homem que sonha com o futuro; o homem por um lado sujeito a faltas, e por outro adornado de santos costumes".*

Continuando, Paulo VI dirige ainda mensagens de otimismo a toda humanidade, fazendo-o, particularmente, aos governantes, aos cientistas, aos artistas, às mulheres, aos trabalhadores e aos jovens(18):

Aos Governantes

"... Aos que têm nas suas mãos o destino dos homens na terra, a todos os depositários do poder temporal: prestamos honra à vossa autoridade e à vossa soberania; respeitamos a vossa função; reconhecemos as vossas leis justas; estimamos aqueles que as fazem e aqueles que as aplicam... É a vós que pertence ser na terra os promotores da ordem e da paz entre os homens. Mas é Deus o grande artífice da ordem e da paz na terra, porque é Ele quem dirige a história humana e o único que pode levar os corações a renunciar às más paixões que geram a guerra e a infelicidade... A Igreja forma para nós cidadãos leais, amigos da paz e do progresso."

Aos Homens de Pensamento e de Ciência

"Uma saudação especial para vós, pesquisadores da verdade, homens de pensamento e de ciência, exploradores do Homem, do universo e da história, para vós todos, peregrinos em marcha para a luz, e ainda para aqueles que param no caminho, fatigados e desiludidos por uma vã procura. Por que uma especial saudação a vós? Porque todos nós... procuramos a verdade. Não podemos deixar de vos encontrar. O vosso caminho é o nosso. As vossas veredas não são jamais estranhas às nossas. Nós somos os amigos da vossa vocação de pesquisadores, os aliados das vossas fadigas, os admiradores das vossas conquistas... continuai a procurar, sem desanimar, sem nunca desesperar da verdade. Mas não esqueçais: se pensar é uma grande coisa, pensar é sobretudo um dever, e infeliz daquele que fecha voluntariamente os olhos à luz. Pensar é também uma responsabilidade: infelizes daqueles que obscuressem o espírito pelos mil artifícios que o deprimem, o tornam orgulhoso, o iludem, o deformam. Qual é o princípio básico para os homens de ciência senão esforçarem-se por pensar corretamente?"

Aos Artistas

"Para vós, artistas, que sois prisioneiros da beleza e que trabalhais para ela: poetas e letrados, pintores, escultores, arquitetos, músicos, homens do teatro e cineastas... A todos vós, a Igreja afirma pela vossa voz: se sois os amigos da autêntica arte, sois nossos amigos... não recuseis a colocar o vosso talento ao serviço da verdade divina... o mundo em que vivemos tem necessidade de beleza para não cair no desespero. A beleza, como a verdade, é a que traz alegria ao coração dos homens, é este fruto precioso que resiste ao passar do tempo, que une as gerações e as faz comungar na admiração. E isto por vossas mãos. Que estas mãos sejam puras e desinteressadas. Lembrai-vos de que sois os guardiães da beleza no mundo: que isso baste para vos afastar dos gostos efêmeros e sem valor autêntico, para vos libertar da proocura de expressões estranhas ou indecorosas."

Às Mulheres

"... Vós constituís a metade da família humana. A Igreja orgulha-se de ter dignificado... a sua igualdade fundamental com o homem. Mas hora chegou, em que a vocação da mulher se realiza em plenitude, a hora em que a mulher adquire na cidade uma influência, um alcance, um poder jamais conseguido até aqui. É por isso que, neste momento em que a humanidade sofre uma tão profunda transformação, as mulheres... podem ajudar a humanidade a não cair. A nossa técnica corre o risco de se tornar desumana. Reconciliai os homens com a vida. E sobretudo velai, sobre o futuro da nossa espécie. Tendes que deter a mão do homem que, num momento de loucura, tentasse destruir a civilização humana... Mulheres de todo o universo, a vós compete salvar a paz do mundo."

Aos Trabalhadores

"... A Igreja conhece os vossos sofrimentos, as vossas lutas, as vossas esperanças; ela aprecia altamente as virtudes que enobrecem as vossas almas: a coragem, a dedicação, a consciência profissional, o amor da justiça; ela reconhece plenamente os imensos serviços que, cada um no seu lugar, e nos postos muitas vezes mais obscuros e mais desprezados, vós prestais ao conjunto da sociedade... Nestes últimos anos, ela não deixou de ter presentes ao seu espírito os problemas, cada vez mais complexos, do mundo do traba-

lho. E o eco que encontraram nas vossas fileiras as encíclicas pontificiais mostrou como a alma do trabalhador do nosso tempo estava de acordo com a dos seus mais altos chefes espirituais."

Aos Jovens

"... sois vós quem, recolhendo o melhor do exemplo e do ensinamento dos vossos pais e mestres, ides constituir a sociedade de amanhã: salvar-vos-eis ou perecereis com ela... A Igreja deseja que esta sociedade que vós ides construir respeite a dignidade, a liberdade, o direito das pessoas: e estas pessoas sois vós... Tem confiança, que vós encontrareis uma força e uma alegria tais que não chegareis a ser tentados, como alguns dos vossos antepassados, a ceder à sedução das filosofias do egoísmo e do prazer, ou às do desespero e do nada, e que perante o ateísmo, fenômeno de cansaço e de velhice, vós sabereis afirmar a vossa fé na vida e no que dá um sentido à vida: a certeza da existência de um Deus justo e bom... Lutai contra todo o egoísmo. Recusai dar livre curso aos instintos da violência e do ódio, que geram as guerras e o seu cortejo de misérias. Sede generosos, respeitadores, sinceros. E construís com entusiasmo um mundo melhor que o dos vossos antepassados."

Conforme se pôde observar, ao longo deste texto, por ser o relacionamento com o ser humano tão complexo, e inspirado neste pensamento para o agir ético do Administrador Profissional: *"Só há duas opções para o administrador: Humanizar ou Animalizar a Administração"*, ou seja, a única escolha não é outra senão: *humanizar o homem para saber usar a administração para o benefício de todos, indistintamente.*

Conclui-se, assim, que o papel da administração deve ser visualizado tanto do ponto de vista social como do ético-científico. Do ponto de vista social (ou em um sentido lato), papel da Administração é *"humanizar o homem para usar humanamente os recursos materiais, humanos e tecnológicos, e assim promover o crescimento do homem pelo homem, em prol da construção de uma sociedade mais justa e fraterna"*. E do ponto de vista ético e científico (ou em um sentido estrito), compete à Administração *"fomentar o desenvolvimento da ciência e de recursos humanos, materiais e tecnológicos, sempre pautado pela sabedoria tomista que tem como parâmetro o respeito à dignidade humana"*.

Resumo

Nos EUA, o terceiro setor movimenta mais de 600 bilhões de dólares anualmente e absorve um contingente de 12 milhões de trabalhadores remunerados, mais uma infinidade de pessoas que atuam como voluntárias. No Brasil, a Pastoral da Criança é um exemplo de sucesso de gestão de escassez. A gestão da Pastoral consiste em centralizar a burocracia e descentralizar a missão.

O cooperativismo surgiu em 1844 na Inglaterra em função do crescente desemprego e exploração da mão-de-obra, provocado pela Revolução Industrial. Evoluiu e conquistou um espaço próprio, definido por uma nova forma de pensar o homem, o trabalho e o desenvolvimento social. No Brasil, o embrião do cooperativismo surge em 1610, com a fundação das primeiras reduções jesuísticas.

Ombudsman é um termo de origem sueca que possui como significado central a proteção dos direitos individuais e fiscalização das leis. *Ombudsman* pode ser entendido como mediador, intermediário ou representante. No Brasil, ainda que seja normal encontrar-se a terminologia original, é também comum usar-se a expressão *ouvidor*, por razões históricas.

A Economia de Comunhão (EdC), fundado por Chiara Lubich, é um projeto ambicioso que busca administrar as empresas destinando os lucros para quem tem necessidade e não para enriquecer-se. A novidade deste projeto está na distribuição dos lucros para três finalidades:

a) consolidação da empresa com justos salários e respeito às leis vigentes;

b) ajuda aos necessitados e a criação de postos de trabalho;

c) sustentar estruturas aptas para formar homens capazes de viver a cultura da solidariedade e da partilha.

Hoje são aproximadamente 800 empresas, de várias dimensões que, no mundo, aderiram ao projeto EdC.

Este é o papel da administração na sociedade: utilizar a tecnologia como meio de desenvolvimento intelectual desde que respeitada a dignidade humana em prol da promoção humana, onde o equilíbrio humano e construtivista torna-se indispensável para se atingir a integração interdisciplinar do pensamento administrativo. Assim, dentro do enfoque da humanização da administração, a preocupação não é humanizar a tecnologia, mas humanizar o homem para usar humanamente a tecnologia.

Em vez de promover palestras sobre produtividade, qualidade e desempenho profissional, muitas organizações estão convidando especialistas para falar aos trabalhadores sobre como eles podem encontrar significado nas suas vidas. Existe realmente um anseio pelo bem-estar espiritual no ambiente de trabalho. Um número cada vez maior de consultores administrativos, teólogos e funcionários argumenta que muitos locais de trabalho se tornam estéreis, desalentadores e sem significado, levando o funcionário a se perguntar: O que exatamente estou fazendo aqui? Se o trabalho é a expressão criativa do espírito humano, então, obviamente, faz sentido, para as pessoas interessadas em dar vazão a sua criatividade, levantar questões de espiritualidade.

A dignidade da pessoa humana sempre deve ser defendida, mas não deve constituir no uso desenfreado da própria liberdade; deve-se pautar pela utilização justa e responsável da liberdade humana. O homem, tal como ele se apresenta na sociedade, tem vital importância na construção de uma sociedade mais humana e fraterna. O homem é o princípio e a razão de ser de tudo.

Referências Bibliográficas

1. CENTRO DE ESTUDOS EM ADMINISTRAÇÃO DO TERCEIRO SETOR (CEATS-FEA/USP). Pesquisa promovida em parceria com Comunidade Solidária, GIFE, CIEE e SENAC/SP – reportagem de ROCHA, Dulce.

2. ARNZ, Zilda. *Um exemplo de sucesso de gestão de escassez.* http://www2.uol.com.br/exame.

3. PALAVRA VIVA. Associação Palavra Viva. Ano VI, nº 63, junho de 2001.

4. ROLDÃO, Antonio José Veiga. *O perfil profissional do ombudsman nas instituições do Brasil.* Dissertação de mestrado. Cuba: Universidade de La Habana, 1999.

5. SEBOK, Pauline de Faria. *Economia de Comunhão: Uma Proposta Inovadora de Comportamento Econômico.* Monografia apresentada à FEAUSP, novembro de 1999.

6. CIDADE NOVA. Ano XLIII, nº 8 – pp. 8-9. *Economia de Comunhão,* agosto de 2001.

7. KWASNICKA, Eunice Laçava. *Introdução à Administração.* 4ª ed. São Paulo: Atlas, 1990, p. 18.

8. HAMPTON, David R. *Administração contemporânea: teoria, prática e casos.* 2ª ed. São Paulo: McGraw-Hill do Brasil, 1983, p. 7.

9. CHIAVENATO, Idalberto. *Teoria Geral da Administração: abordagens prescritivas e normativas da administração.* Vol. 1 e 2, 5ª ed. Rio de Janeiro: Campus, 2001.

10. MONTANA, Patrick J. e CHARNOV, Bruce H. *Administração.* São Paulo: Saraiva, 1999, p. 2

11. ROBBINS, Stephen e COULTER, Mary. *Administração*. 5ª ed. Rio de Janeiro: Prentice-Hall do Brasil, 1998, p. 3.

12. DUBRIN, Andrew J. *Princípios de Administração*. Rio de Janeiro: LTC, 1998.

13. MAXIMIANO, Antonio Cesar Amaru. *Teoria Geral da Administração: da escola científica à competitividade na economia globalizada*. 2ª ed. São Paulo: Atlas, 2000.

14. LITTERER, Joseph. *Introdução à Administração*. Rio de Janeiro: LTC, 1980.

15. DAFT, Richard I. *Administração*. 4ª ed. Rio de Janeiro: LTC, 1999.

16. CONCÍLIO VATICANO II. *Encíclica Dignitatis Humanae*. 1ª ed. São Paulo: Paulinas, 1967.

17. CONCÍLIO VATICANO II. *Discurso de Paulo VI em 7/12/1965*. 1ª ed. São Paulo: Paulinas, 1967, p. 604

18. CONCÍLIO VATICANO II. *Discurso de Paulo VI em 7/12/1965*. 1ª ed. São Paulo: Paulinas, 1967, pp. 613-620.

Referências Bibliográficas

ADRIANO, José. Ética e Sacramentos. *Lúmen – Revista de Estudos e Comunicações*. Vol. 8, nº 8. São Paulo: IESP/UniFAI, maio/agosto de 2002.

AGOSTINHO, Santo. *A Cidade de Deus (contra os pagãos)*. 2ª ed. Partes 1 e 2. Rio de Janeiro: Petrópolis, Vozes, 1989.

BATEMAN, Thomas S. e SNELL, Scott A. *Administração: construindo vantagem competitiva*. São Paulo: Atlas, 1998.

BENNIS, Warrenm G. e BIEDERMAN, Patrícia Ward. *Os Gênios da Organização: as forças que impulsionam a criatividade das equipes de sucesso*. Rio de Janeiro: Campus, 1999.

BENTON, Lewis R. *Supervisão & Gerência*. São Paulo: Zahar Editores, 1977.

BERNARDES, Cyro. *Teoria Geral das Oorganizações: os fundamentos da administração integrada*. São Paulo: Atlas, 1988.

BERNARDES, Cyro e MARCONDES, Reynaldo. *Teoria Geral da Administração: gerenciando organizações*. São Paulo: Saraiva, 2003.

BLACK, Edwin. *IBM e o Holocausto*. 4ª ed. Rio de Janeiro: Campus, 2001

BOWDITCH, James L. e BUONO, Anthony F. *Elementos de Comportamento Organizacional*. São Paulo: Pioneira, 1992.

CARNEGIE, Dale. *Como Fazer Amigos e Influenciar Pessoas*. 43ª ed. São Paulo: Editora Nacional, 1993.

CHIAVENATO, Idalberto. *Teoria Geral da Administração: abordagens prescritivas e normativas da administração*. Vol. 1 e 2, 5ª ed. Rio de Janeiro: Campus, 2001.

CHURCHMAN, C. West. *Introdução à Teoria dos Sistemas*. Rio de Janeiro: Petrópolis, 1971.

CONCÍLIO VATICANO II – *Constituições, Decretos, Declarações, Documentos e Discursos Pontifícios*. 1ª ed. São Paulo, Paulinas, 1967.

CULLIGAN, Matthew J.; DEAKINS, Suzanne et al. *Administração: de volta às origens*. São Paulo: Best Seller, 1988.

DAFT, Richard I. *Administração*. 4ª ed. Rio de Janeiro: LTC, 1999.

_______________. *Teoria e Projeto das Organizações*. 6ª ed. Rio de Janeiro: LTC, 1999.

DEJOURS, Cristophe. *A Loucura do Trabalho: estudo da psicopatologia do trabalho*. 5ª ed. São Paulo: Cortez, 1992.

DUBRIN, Andrew J. *Princípios de Administração*. Rio de Janeiro: LTC, 1998.

ETZIONI, Amitai. *Análise Corporativa de Organizações Complexas*. São Paulo: Atlas, 1974.

FARIA, A. Nogueira. *Organização de Empresas, Previsão, Planejamento e Implantação*. 5ª ed. Rio de Janeiro: LTC, 1979.

FERREIRA, Ademir Antonio; REIS, Ana Carla Fonseca et al. *Gestão Empresarial: de Taylor aos nossos dias: evolução e tendências da moderna administração de empresas*. São Paulo: Pioneira, 1997.

FAYOL, Henri. *Administração Industrial e Geral*. São Paulo, Atlas, 1950.

FLEURY, Maria Tereza L; FISCHER, Rosa Maria et al. *Cultura e Poder nas Organizações*. São Paulo: Atlas, 1989.

FOGEL, Sérgio e SOUZA, Carlos César. *Desenvolvimento e Deterioração Organizacional*. 2ª ed. São Paulo: Atlas, 1985.

FRANCA, Leonel. *Noções de História da Filosofia*. 24ª ed. Rio de Janeiro: Agir, 1990.

FREEMAN, R. Edward e FREEMAN, R. Edward. *Administração*. 5ª ed. Rio de Janeiro: LTC, 1999.

GROSS, Daniel. *Forbes: as maiores histórias do mundo dos negócios*. São Paulo: Companhia das Letras, 1999.

GUIDA, Frederico Antonio. *Panorama Geral da Administração*. 2ª ed. Rio de Janeiro: Campus, 1980.

HAMPTON, David R. *Administração Contemporânea: teoria, prática e casos*. 2ª ed. São Paulo: McGraw-Hill do Brasil, 1983.

JOÃO PAULO II, Papa. *Sinal de Contradição: meditações*. São Paulo: Paulinas, 1979.

KATZ, Daniel e KAHN, Robert L. *Psicologia Social das Organizações*. São Paulo: Atlas, 1987.

KWASNICKA, Eunice Laçava. *Introdução à Administração*. 4ª ed. São Paulo: Atlas, 1990.

LITTERER, Joseph. *Introdução à Administração*. Rio de Janeiro: LTC, 1980.

LAUAND, Luiz Jean. *Ética e Antropologia: estudos e traduções*. Mandruvá, 1997.

MAGRETTA, Joan e STONE, Nan. *O que é Gerenciar e Administrar*. Rio de Janeiro: Campus, 2002.

MANCE, Euclides André. *Rejeições ao Liberalismo*. Parana: Curitiba, IFIL – Instituto de Filosofia da Libertação.

MANDINO, Og. *A Uuniversidade do Sucesso*. 9ª ed. Rio de Janeiro: Record, 1995.

MAKIYAMA, Pedro. *Eu sou a Causa e a Solução dos meus Problemas*. São Paulo: Itapetininga, Via Sette Editorial, 2001.

MARCIC, Dorothy. *Como Administrar a Sabedoria do Amor: revelando a virtude nas pessoas e nas organizações*. São Paulo: Cultrix, 1997.

MATTOS, Alexandre Morgado. *Organização: uma visão global – introdução, ciência e arte*. 1ª ed. Rio de Janeiro: Editora Fundação Getulio Vargas, LTC, 1975.

MAXIMIANO, Antonio César Amaru. *Introdução à Administração*. 5ª ed., rev. e ampl. São Paulo: Atlas, 2000.

______________________________. *Teoria Geral da Administração da Escola Científica à Competitividade na Economia Globalizada*. 2ª ed. São Paulo: Atlas, 2000.

MCKENNA, Regis. *Estratégias de Marketing em Tempos de Crise*. Rio de Janeiro: Campus, São Paulo: Publifolha, 1999.

MEDEIROS, José Rafael de. *O Amor Renovando o Trabalho*. Rio de Janeiro: Petrópolis, Vozes, 1999.

MENEGASSO, Maria Ester. *O Declínio do Emprego e a Ascensão da Empregabilidade: um protótipo para promover condições de empregabilidade na empresa pública do setor bancário*: Tese de Doutoramento – UFSC, 1998.

MEZOMO, João Catarin. *Dê uma Chance ao seu Sucesso*. 2ª ed. São Paulo: Loyola, 1988.

MIEN, Aleksandr. *Jesus Mestre de Nazaré: a história que desafiou 2.000 anos*. Vargem Grande Paulista: Editora Cidade Nova, 1998.

MONTANA, Patrick J. e CHARNOV, Bruce H. *Administração*. São Paulo: Saraiva, 1999.

MORGAN, Gareth. *Imagens da Organização*. São Paulo: Atlas, 1996.

MOTTA, Fernando C. Prestes e PEREIRA, Luiz C. Bresser. *Introdução à Organização Burocrática*. 4ª ed. São Paulo: Brasiliense, 1980.

NASCIMENTO, Antonio Walter A. *A Gerência de si mesmo*. São Paulo: Summus, 1995.

OLIVEIRA, Manfredo Araújo. *Ética e Práxis Histórica*. São Paulo: Ática, 1995.

________________________________. *Ética e Economia*. São Paulo: Ática, 1995.

PADOVANI, Martin H. *Curando as Emoções Feridas: vencendo os males da vida*. São Paulo: Paulus, 1994.

PARK, Kil H.; BONIS, Daniel F. et al. *Introdução ao Estudo da Administração*. São Paulo: Pioneira, 1997.

PARKINSON, C. Northcote. *A Lei de Parkinson*. 3ª ed. São Paulo: Pioneira, 1970.

PERSCH, Leo. *Parusia*. Curitiba: Edições Correio, 1996.

PLATÃO. *Discurso de Sócrates*. Porto Alegre, Ed. Globo, 1955, Livro III, cap 4. In: CHIAVENATO, Idalberto. *Teoria Geral da Administração: abordagens prescritivas e normativas da administração*. Vol. 1 e 2, 5ª ed. Rio de Janeiro: Campus, 2001.

REALE, Giovanni e ANTISSERI, Dario. *História da Filosofia*. São Paulo: Paulinas, 1991.

RESENDE, Ênio J. *Cidadania: o remédio para doenças culturais brasileiras*. São Paulo: Summus, 1992.

RIFKIN, Jeremy. *O Século da Biotecnologia: a valorização dos genes e a reconstrução do mundo*. São Paulo: Makron Books, 1999.

ROBBINS, Stephen Paul. *Administração: mudanças e perspectivas*. São Paulo: Saraiva, 2000.

ROBBINS, Stephen e COULTER, Mary. *Administração*: 5ª ed. Rio de Janeiro: Prentice-Hall do Brasil, 1998.

ROLDÃO, Antonio José Veiga. *O perfil profissional do ombudsman nas instituições do Brasil. Dissertação de mestrado*. Cuba: Universidade de La Habana, 1999.

SANTOS, Antonio Raimundo. *Ética: caminho da realização humana*. São Paulo: Ave-Maria, 1997.

SCANLAN, Burt K. *Princípios de Administração e Comportamento oOrganizacional*. São Paulo: Atlas, 1979.

SCHEIN, Edgar. *Organizational Culture and Leadership*. San Francisco, Jossey Bass, 1986.

SCHWARTZ, David J. *A Mágica de Pensar Grande*. 9ª ed. Rio de Janeiro: Record, 1994.

SEBOK, Pauline de Faria. *Economia de Comunhão: Uma Proposta Inovadora de Comportamento Econômico*. Monografia apresentada à FEAUSP, novembro de 1999.

SEN, Amartya Kumar. *Desenvolvimento como Liberdade*. São Paulo: Cia das Letras, 2000.

SHINYASHIKI, Roberto. *Você: a alma do negócio*. São Paulo: Editora Gente, 2001.

SOUZA, Roberto de Mello. *O Futuro da Administração de Recursos Humanos no Brasil: e a história da coisificação das relações humanas no trabalho*. São Paulo: Edicta, 1999.

SOUZA, Sergio Jeremias de. *Um Minuto de Otimismo*. São Paulo: Ave-Maria, 1999.

STONER, James A. F. e FREEMAN, R. Edward. *Administração*. 5ª. ed. Rio de Janeiro: LTC, 1999.

SUNG, Jung Mo. *Teologia e Economia: repensando a teologia da libertação e utopias*. Rio de Janeiro: Petrópolis, Vozes, 1994.

TAYLOR, Frederick W. *Princípios de Administração Científica*. São Paulo: Atlas, 1970.

TOFFLER, Alvin. *A Terceira Onda*. Rio de Janeiro: Record, 1980.

WEBER, Max. *A Ética Protestante e o Espírito do Capitalismo*. 11ª. ed. São Paulo: Pioneira, 1996.

Balanced Scorecard passo-a-passo

Apresenta orientações detalhadas e realistas sobre como uma empresa, independentemente de seu porte ou estrutura, pode desenvolver um sistema de gerenciamento funcional. Este recurso, prático e compreensível, guia o leitor ao longo de toda a jornada do Balanced Scorecard – desde a criação de poderosas novas medições do desempenho, que orientam a execução de sua estratégia, até as ferramentas necessárias para tornar o Scorecard o marco de seus processos de gerenciamento.

Autor: Paul R. Niven
ISBN: 85-7303-549-8
Nº de páginas: 424
Formato: 16 x 23cm

Gestão do Clima Organizacional

Gestão do Clima Organizacional é fruto da longa experiência de Ricardo Luz como executivo, professor e consultor. Sem se prender a discussões teóricas, o autor aborda o tema com a objetividade pertinente ao assunto e aponta caminhos a serem seguidos pelas empresas, com o objetivo de melhorar as relações de trabalho que podem vir a prejudicar a produtividade e a motivação dos colaboradores. Uma poderosa ferramenta gerencial para gestores e profissionais de RH.

Autor: Ricardo Luz
ISBN: 85-7303-439-4
Nº de páginas: 160
Formato: 16 x 23cm

Administração do Desempenho

O autor apresenta, num estilo objetivo e sintético, a teoria e a prática de uma metodologia gerencial que facilita o atingimento das metas organizacionais e o desenvolvimento de Recursos Humanos. O método consiste num processo participativo, contínuo e sistematizado de planejamento, acompanhamento, avaliação e melhoria do desempenho, desenvolvido pelo autor com base em sua experiência em consultoria e pesquisa.

Autor: Inácio Stoffel
ISBN: 85-7303-260-X
Nº de páginas: 96
Formato: 16 x 23cm

Nota sobre o Autor

Ediberto Tadeu Pedroso: conferencista, pesquisador e especialista em comportamento organizacional e em relacionamento acadêmico. Criou a Tecnologia de Discernimento na qual se baseiam seus seminários, palestras e livros.

Formado, pós-graduado pela USP é autor das obras: *Administração e os Novos Paradigmas* e *Máximas para Humanizar a Administração com Sabedoria e Competência*, pela Qualitymark Editora; *Motes versus Provérbios – Uma Reflexão sobre a Arte de Viver*, pela Editora Ave-Maria; *Elaboração, Análise e Racionalização de Formulários*, pela Editora Atlas. Titular do portal: *www.edibertopedroso.com.br*, onde seus artigos podem ser consultados.

Qualitymark Editora
Rua Teixeira Júnior, 441 – São Cristóvão
20921-400 – Rio de Janeiro – RJ
Tel.: (21) 3860-8422
Fax: (21) 3860-8424

www.qualitymark.com.br
e-mail: quality@qualitymark.com.br

Visite o site do autor:

www.edibertopedroso.com.br

Contatos:

etpedroso@uol.com.br

Dados Técnicos:

• **Formato:**	16×23cm
• **Mancha:**	12×19cm
• **Fontes Títulos:**	FuturaBdCn BT
• **Fontes Texto:**	NewBskvll BT
• **Corpo:**	11
• **Entrelinha:**	13,2
• **Total de Páginas:**	264